TRABALHO INFORMAL EM LUANDA
luta e persistência dos jovens migrantes

Coordenadora do Conselho Editorial de Serviço Social
Maria Liduína de Oliveira e Silva

Conselho Editorial de Serviço Social
Ademir Alves da Silva
Dilséa Adeodata Bonetti (*in memoriam*)
Elaine Rossetti Behring
Ivete Simionatto
Maria Lúcia Carvalho da Silva (*in memoriam*)
Maria Lucia Silva Barroco

Dados Internacionais de Catalogação na Publicação (CIP)
(Câmara Brasileira do Livro, SP, Brasil)

Samba, Simão João
  Trabalho informal em Luanda : luta e persistência dos jovens migrantes / Simão João Samba. -- São Paulo : Cortez, 2018.

  Bibliografia.
  ISBN 978-85-249-2623-5

  1. Comércio ambulante - Luanda (Angola) 2. Desigualdade 3. Jovens - Condições sociais 4. Jovens migrantes - Luanda (Angola) 5. Setor informal (Economia) 6. Trabalho - Aspectos sociais 7. Trabalho informal - Luanda (Angola) I. Título.

18-12922   CDD-330.9673

Índices para catálogo sistemático:
1. Jovens migrantes : Trabalho informal : Luanda : Angola : Economia 330.9673

Simão João Samba

TRABALHO INFORMAL EM LUANDA
luta e persistência dos jovens migrantes

TRABALHO INFORMAL EM LUANDA: luta e persistência dos jovens migrantes
Simão João Samba

Capa: de Sign Arte Visual
Preparação de originais: Agnaldo Alves
Revisão: Patrizia Zagni
Projeto gráfico e diagramação: Linea Editora
Coordenação editorial: Danilo A. Q. Morales
Assessora editorial: Maria Liduína de Oliveira e Silva
Editora-assistente: Priscila Flório Augusto

Nenhuma parte desta obra pode ser reproduzida ou duplicada sem autorização expressa do autor e do editor.

© 2018 by Autor

Direitos para esta edição
CORTEZ EDITORA
R. Monte Alegre, 1074 — Perdizes
05014-001 — São Paulo — SP
Tel.: +55 11 3864 0111 / 3803 4800
cortez@cortezeditora.com.br
www.cortezeditora.com.br

Impresso no Brasil — abril de 2018

*Aos jovens vendedores ambulantes que no quotidiano
perverso da rua, buscam a sua sobrevivência e a
reconstrução de suas histórias de vida.*

*Especialmente à minha esposa Meline Balanda Tomás Samba
e aos meus filhos: Pedro, Natânia e Alícia.*

Agradecimentos

A Deus, pelo Dom da vida e presença sempre viva em minha vida.

À Professora Myrian Veras Baptista (*In memoriam*), que orientou e acompanhou o processo de elaboração desta obra com toda sua sabedoria, dedicação, humildade e competência. A minha homenagem e o meu sincero e eterno agradecimento pelo aprendizado partilhado ao longo de todo esse processo.

À minha família, principalmente aos meus irmãos e sobrinhos, pelos apoios e incentivos dados durante o processo de formação acadêmica e os longos anos distante de casa.

À coordenação da Associação dos Amigos de Dom Bosco (ADB), pelo apoio prestado na pesquisa de campo, especialmente aos membros que participaram das discussões de grupo que deram corpo a esta obra.

Aos professores do Programa de Pós-graduação em Serviço Social da Pontifícia Universidade Católica de São Paulo (PUC-SP), que me acolheram, incentivaram e fizeram-me admirá-los pelo profissionalismo, entrega e o amor que nutrem pela profissão.

Às professoras Carmelita Yazbek, Maria Lúcia Martinelli, Silvia Antunes de Freitas e Luís Antonio Groppo, pela participação na banca examinadora e pelas contribuições dadas na fase da qualificação, que enriqueceram os conteúdos na obra.

Aos amigos que a vida me proporcionou no percurso acadêmico, cujos apoios, amizade, companheirismo, motivação e incentivo foram fundamentais para a superação das dificuldades encontradas ao longo da caminhada, especialmente ao Cláudio Lopes, Terezinha Rondelli, Luís Antonio Groppo, Izalene Tiene, Mirela e Marcos Veltri.

À família Madia, especialmente ao Betuel e Alzira, pelo apoio, incentivo e acolhimento em todos os momentos vividos juntos no Brasil.

À Coordenação de Aperfeiçoamento de Pessoal de Nível Superior (Capes), cujo apoio financeiro permitiu a realização do doutorado.

À família Santos, que me acolheu durante os longos anos de permanência em terras brasileiras e me fizeram sentir parte da família.

Ao Sr. José Xavier Cortez, pelo apoio dado na aquisição de bibliografias durante o mestrado e doutorado.

Aos amigos e colegas, especialmente Anavilde Satoñole, Janine Silveira, Júlio Sorte e Maria Adélia Cohen, que em diferentes momentos disponibilizaram tempo para a leitura e correções que tornaram o texto mais compreensível.

A todos que, direta ou indiretamente, têm ajudado na minha vida profissional, a minha elevada e humilde gratidão.

Lista de siglas e abreviaturas

ADB — Amigos de Dom Bosco
Ceic — Centro de Estudos e Investigação Científica
Cnac — Conselho Nacional da Criança
CNE — Conselho Nacional Eleitoral
CRA — Constituição da República de Angola
CRB — Conferência dos Religiosos do Brasil
ENE — Empresa Nacional de Eletricidade de Angola
FNLA — Frente Nacional de Libertação de Angola
HIV — *Human Immunodeficiency Virus*/Vírus de Imunodeficiência Humana
Ibep — Inquérito de Bem-Estar da População
IDH — Índice de Desenvolvimento Humano
INE — Instituto Nacional de Estatística
Minjud — Ministério da Juventude e Desportos
MPLA — Movimento Popular de Libertação de Angola
OGE — Orçamento-Geral do Estado
OIT — Organização Internacional do Trabalho
ONGs — Organizações Não Governamentais
ONU — Organização das Nações Unidas
Pegaj — Plano Executivo do Governo de Apoio à Juventude
PIB — Produto Interno Bruto
Pnud — Programa das Nações Unidas para o Desenvolvimento

PRS — Partido de Renovação Social
RNA — Rádio Nacional de Angola
Unicef — United Nations Children's Fund/Fundo das Nações Unidas para a Infância
UNITA — União Nacional para Independência Total de Angola
Sida/Aids — Síndrome da Imunodeficiência Adquirida

Sumário

PREFÁCIO
Maria Lúcia Martinelli 13

INTRODUÇÃO 17

CAPÍTULO I Angola e Luanda: uma história a ser contada 25
1.1 Angola: nossa história, nossas raízes 25
1.2 Luanda e a sua relação com as demais províncias
 de Angola 36

CAPÍTULO II Reflexões sobre juventudes e trabalho informal:
uma análise sobre diferentes significados 51
2.1 Juventudes: uma busca de significados na literatura 51
2.2 Reflexões sobre o trabalho informal: revisitando a
 literatura 73
2.3 Exclusão, pobreza, desigualdades e vulnerabilidades
 sociais no contexto angolano 96

CAPÍTULO III Vidas vividas: histórias não contadas 121

3.1 Procedimentos metodológicos da investigação 121

3.2 O trabalho informal em Luanda: uma estratégia de sobrevivência 133

3.3 O significado do trabalho informal em Luanda para os jovens migrantes 142

CONSIDERAÇÕES FINAIS 197

REFERÊNCIAS 207

SOBRE O AUTOR 221

Prefácio

O mundo que conhecemos neste início de século XXI é uma síntese bastante complexa de profundas transformações societárias que vêm produzindo impactos em todas as esferas da vida em sociedade, seja na extensão ou na profundidade.

As expressões dessa crise impactam o planeta como um todo, redesenhando o próprio mapa do mundo e as condições e modos de vida na contemporaneidade.

São tão graves as expressões geográficas, demográficas, econômicas, sociais, políticas e históricas dessas transformações, que podemos afirmar que é o próprio processo civilizatório que se encontra abalado.

No interior de tal processo, são afrontadas tanto as condições materiais de vida como a própria sociabilidade humana, o viver histórico dos sujeitos em seu cotidiano.

O trabalho, elemento fundante do ser social, sofre as mais contundentes repercussões de todo esse processo macrossocietário, tornando cada vez mais difícil o acesso ao mercado de trabalho que se apresenta marcado pela precarização, pela intensificação e pela informalidade.

Se a situação é grave para a massa dos trabalhadores, para os jovens torna-se mais difícil, e mais difícil ainda quando as próprias condições do país não são favoráveis ao seu ingresso e permanência nos postos de trabalho.

Como pesquisador na área das juventudes, é essa a temática que interessa ao Prof. Dr. Simão João Samba, autor desta obra e que, com muita propriedade, vai nos fazer conhecer a realidade do trabalho informal em Luanda, capital de Angola, na África, seu país de origem, onde vive e exerce suas atividades profissionais como docente, pesquisador e assessor nas áreas de Serviço Social e Educação.

Nesse sentido, este livro é um verdadeiro convite à leitura e à reflexão. Faz com que nós, leitores brasileiros, alonguemos o nosso olhar para além do oceano, para conhecer uma realidade com a qual temos pouco convívio e onde há muita história a ser contada.

Já para os africanos e demais leitores de língua portuguesa, é especialmente importante sua contribuição, evidenciando a luta e persistência dos jovens migrantes nos adversos cenários angolanos.

O autor parte da realidade de Angola e, mais especificamente, de Luanda, onde o mercado informal, de venda ambulante, tem sido um espaço de luta pela sobrevivência desse segmento juvenil, principalmente de jovens migrantes, homens e mulheres, de outras províncias do país.

Esse é o ponto central de sua pesquisa, tratando de conhecer as experiências de trabalho e vida de jovens migrantes, que atuam como vendedores ambulantes em Luanda.

Apoiando-se em uma intensa revisão da literatura, realiza importantes reflexões sobre juventudes e trabalho informal, evidenciando o quanto as desigualdades, exclusões e vulnerabilidades marcam a vida desses jovens no contexto social angolano.

Esse é um recorte muito especial de sua pesquisa, que, além de estar bem fundamentada teoricamente, tem uma direção ideopolítica bem definida, razão pela qual o que interessa realmente ao autor é conhecer as experiências de vida e do trabalho desses jovens vendedores ambulantes em suas interfaces com as desigualdades de distribuição de renda e níveis de exclusão social no país.

Sua pesquisa, de natureza qualitativa, foi feita por meio de observação participante e entrevistas grupais semiestruturadas nos próprios lugares de maior concentração dos jovens "zungueiros", assim chamados em Luanda, pois deambulam, andam, "zungam" pelas ruas da metrópole.

Os depoimentos gravados e depois transcritos para análise revelam as agruras do viver cotidiano desses jovens, o que se expressa também, conforme as palavras do próprio pesquisador, em seus rostos transfigurados pela pobreza, pela exclusão social e pelo descaso e discriminação que recebem da sociedade angolana.

A apresentação desse riquíssimo material de pesquisa é realizada em um capítulo de finalização do livro, muito bem intitulado "Vidas vividas, histórias não contadas".

Realmente, este é um mérito da pesquisa e da obra realizadas pelo autor, profundo conhecedor de sua temática de estudo.

Primeiro doutor em Serviço Social em Angola, título conferido pela Pontifícia Universidade Católica de São Paulo, pesquisador militante e seriamente comprometido com sua causa, Simão, como carinhosamente o chamamos, presta uma grande contribuição, ao revelar para a sociedade angolana a real situação desses jovens.

Seu compromisso profissional e político o impele a caminhar para além da constatação da gravidade da situação, avançando para algumas propostas concretas nas quais o Serviço Social ocupa um lugar muito especial na construção de caminhos multidisciplinares e multissetoriais para o enfrentamento das gritantes desigualdades regionais no país, através de uma política de investimento e de desenvolvimento igualitário e equilibrado entre as províncias que compõem o mosaico angolano.

Sem dúvida, a leitura desta obra é uma tarefa irrecusável para todos aqueles que lutam por uma sociedade justa, humana, igualitária.

Maria Lúcia Martinelli
São Paulo, fevereiro de 2016

Introdução

"Abre a janela e vê o que temos."[1]

Esse foi o primeiro convite que o tema abordado faz a cada leitor ao folhear as páginas que compõem a presente obra. Da nossa parte, aceitar tal convite foi, de fato, um grande desafio, pois significou não apenas um ato de abrir e ver o mundo exposto fora dele, mas exigiu certo desprendimento dos nossos conceitos e preconceitos para acolher o outro. Compreender o desconhecido para dar-lhe um significado e contemplar a plenitude do observado exige um aprimoramento dos nossos olhares e ouvidos para captar a realidade além da sua aparência, ou seja, exige a busca de sua essência.

Convite que nos permitiu ver a realidade dos jovens migrantes envolvidos no trabalho informal com outro olhar e perceber as novas dimensões que até então nos eram desconhecidas. Isso permitiu-nos sair das nossas certezas para entendermos as incertezas, as lutas, as experiências quotidianas de quem busca dar sentido à sua existência numa realidade diferente, superando os rótulos que a sociedade muitas vezes muito bem sabe atribuir, sem nenhuma preocupação em conhecer a real história que a trajetória de rua encobre.

---

1. Fala de Henda Ducados na entrevista concedida ao pesquisador em abril de 2010.

Nesse sentido é que esta obra trata das experiências de trabalho e vida de jovens migrantes que atuam como vendedores ambulantes em Luanda. Ela foi orientada pelas seguintes indagações: Quem são os jovens envolvidos no comércio ambulante em Luanda, e que significados atribuem a suas experiências e vivências? Quais suas expectativas e sonhos em relação ao futuro? Até que ponto o processo crescente do aumento da exclusão, pobreza, desigualdade e elevadas taxas de desemprego entre os jovens, na sociedade angolana, e em particular na cidade de Luanda, têm contribuído ou os obrigado a enveredarem pelo comércio ambulante? Como o escasso acesso a uma formação escolar e profissional de qualidade dessa geração de jovens interfere na construção de suas trajetórias de vida?

O interesse pela temática surgiu a partir das perguntas anteriormente colocadas e das observações feitas pelo autor, mais concretamente após o advento da paz de 1991, em que as ruas das grandes cidades do país foram tomadas principalmente por mulheres e jovens deambulando para venderem diversos produtos, como forma alternativa e estratégica de sobrevivência. As experiências dessa população de vendedores ambulantes nos mostravam não apenas a sua dura realidade quotidiana, mas também o descaso daqueles que têm o dever de garantir as condições que proporcionem o seu desenvolvimento integral, e evidenciava a necessidade de um empreendimento não apenas acadêmico, mas também político, que aprofundasse o conhecimento da sua realidade e apontasse caminhos para sua superação.

A verdade é que, apesar de a venda ambulante ser vista nas diferentes instâncias políticas de Angola como uma atividade ilegal, vem sendo a fonte de sobrevivência da maior parte da população de Luanda, uma vez que há dificuldades no país para prover uma infraestrutura de ofertas de empregos que deem conta de sua população economicamente ativa e, no contexto dessa população, da demanda de jovens, que anualmente iniciam a busca por seu primeiro emprego. Por outro lado, o trabalho no mercado informal vem sendo há muitos anos um espaço de luta pela sobrevivência desse segmento da população, principalmente a migrante de outras províncias do país.

Em Angola, esses jovens migrantes têm sofrido pelo fato de suas demandas não merecerem suficiente atenção das autoridades públicas, e os problemas daí decorrentes têm sido invisíveis para as diferentes instâncias que pensam o país, apesar de uma melhoria verificada a partir de 2008 com a execução de alguns programas específicos para os jovens, como é o caso do Crédito Jovem e o projeto Angola Jovem, ligados ao Ministério da Juventude e Desportos e que não reverteram ainda a lógica paliativa que tem caracterizado quase a totalidade de projetos para a juventude até a data.

O fato é que tais projetos — pela curta duração da formação realizada, pela falta de acompanhamento, pela pouca preparação dos formadores e pela descontinuidade no tempo da sua aplicação — não resultam em mudanças profundas nas questões que mais afetam os jovens, como as necessidades de emprego permanente, de salário condigno, de garantia de atendimento à saúde e à habitação; ou no desenvolvimento de aspectos que possam garantir um futuro promissor.

A pesquisa que dá suporte à presente obra buscou conhecer os significados que os jovens vendedores ambulantes em Luanda atribuem às suas experiências de vida e de trabalho, o que os levou a enveredarem para o mundo do trabalho informal. Procurou ainda perceber como essas atividades têm contribuído para a superação e melhoria das suas condições de vida e das suas famílias. Nesse sentido, o objetivo geral foi conhecer e analisar as experiências de vida dos jovens do mercado informal de trabalho na particularidade do contexto de Luanda, entendendo-as como um fenômeno que resulta da síntese de múltiplas determinantes.

De modo geral, o estudo teve como intuito apresentar propostas que contribuam para a melhoria dos programas para a juventude executados pelo governo e organizações não governamentais na cidade de Luanda. Nessa perspectiva, pode-se dizer que a presente obra se configura como valioso subsídio para as iniciativas de impacto no âmbito das políticas públicas voltadas para o segmento juvenil. É preciso sublinhar que a análise dessas experiências de trabalho e suas necessidades sociais, econômicas, culturais, educacionais, inclusive políticas, remete-nos a compreendê-las na dinâmica do capitalismo contemporâneo, uma vez que as mudanças ocorridas em toda a esfera da sociedade repercutem sempre sobre as juventudes.

Por outro lado, entende-se que a compreensão da experiência de trabalho e vida dos jovens vendedores ambulantes em Luanda passa necessariamente pelo conhecimento qualificado da realidade quotidiana desse segmento populacional, pela forma como constroem suas experiências e como expressam suas vivências no contexto de uma sociedade cada vez mais globalizada.

Neste estudo, partiu-se da hipótese de que as desigualdades da distribuição de renda no país, o nível de exclusão social, assim como as altas taxas de desemprego verificadas na sociedade angolana — e, em particular, na cidade de Luanda —, são evidências da questão social resultante de uma sociedade dependente, de um sistema capitalista global. Na imediaticidade da observação, essa questão social se expressa nas precárias condições socioeconômicas de boa parte da população, nas transformações ocorridas no mundo de trabalho com incremento de novas exigências para o acesso ao emprego; na dificuldade de acesso à formação escolar e profissional dos jovens. Essas determinações vêm contribuindo para que um número considerável deles trilhe o caminho do trabalho informal.

Ressalte-se que nossa intenção nesta obra é dar visibilidade aos sujeitos, jovens no trabalho informal, nas diferentes formas de se relacionarem com a realidade social em suas múltiplas determinações quer sejam de naturezas política, social, econômica, histórica e cultural. Conhecer essa realidade no atual contexto do país é de extrema importância, uma vez que estão a delinear-se projetos e programas operados por diferentes instituições e organizações.

Assim, considera-se que o desvendamento da natureza que envolve as experiências de vida desses jovens poderá dar aos profissionais que atuam na área social, sobretudo aos Assistentes Sociais, pistas e indicadores de atuação para desenvolverem práticas cada vez mais comprometidas, ética e politicamente, com a realidade destes, buscando, no coletivo e na troca de saberes, alternativas de superação das condições de exclusão social a que estão expostos os jovens que vivenciam experiências similares às daqueles que foram sujeitos da pesquisa.

Entende-se que qualquer projeto, programa ou ação para a juventude, que seja elaborado na atual conjuntura angolana, deve atender às múltiplas realidades: urbana, rural e periurbana, uma vez que não se tem apenas uma juventude, mas juventudes que se expressam de inúmeras maneiras, de acordo com o contexto social.

A outra razão que aponta a relevância e a pertinência desta obra é a sua inediticidade, pois estudos do gênero, com temática que envolva tais sujeitos, são quase inexistentes e limitados no país. Daí acreditar-se que os resultados obtidos na pesquisa que norteou esta obra possibilitarão melhor compreensão das principais determinantes que explicam o envolvimento dos jovens nas atividades informais e, ao mesmo tempo, desmistificarão os discursos ou posições da classe governante do país em relação a eles, contribuindo para o aprimoramento de políticas, programas, serviços e ações que o governo e as organizações da sociedade civil venham a desenvolver futuramente.

Acredita-se que esta obra esteja revestida, também, de relevância acadêmica e científica, na medida em que poderá servir de subsídio para pesquisadores e estudantes universitários em geral, e do Serviço Social em particular, que queiram aprimorar e ampliar os conhecimentos e horizontes em relação à sua temática; e daqueles que venham a assumir o desafio de trabalhar ou direcionar sua atuação profissional com esse segmento da população, pois ajuda-los-á a "construir formas cada vez mais substantivas de consolidação do projeto profissional", como afirma Martinelli (2006, p.18).

Assim sendo, concorda-se com a autora ao afirmar que "nenhuma profissão da área social conseguirá chegar ao final do milênio somente com a capacidade operacional. A essa capacidade operacional é indispensável que se somem também a consistência argumentativa, a fundamentação teórica, a construção do saber" (Martinelli, 1999, p. 12-13), que é também um dos objetivos no qual se apoia a presente obra. Ressalta-se que a elaboração do referencial de sustentação das discussões e reflexões contidas nesta obra — que, por outro lado, orientou as entrevistas grupais mantidas com os sujeitos —, serviu-se do levantamento e da seleção criteriosa de referências bibliográficas de diversos campos de conhecimento relacionados com a temática.

Para o trabalho de campo, optou-se pela abordagem qualitativa, que se entende ser a que melhor se adapta aos objetivos estabelecidos. Essa opção dimensionou as questões centrais da temática e apreendeu os aspectos da realidade em que estão envolvidos os jovens vendedores ambulantes em Luanda. Por outro lado, não se deixou de recorrer a dados quantitativos, porque se acredita que o dado numérico em si nos instrumentaliza, embora não nos equipe para se compreender o real em movimento, na plenitude que se buscou nesta obra.

A realização do referido estudo foi um desafio, pois, ao longo do caminho trilhado, enormes foram as dificuldades encontradas, como a quase inexistência de material teórico de apoio que retratasse a questão estudada no contexto de Angola, o que fez com que o trabalho fosse embasado quase na sua totalidade em bibliografia estrangeira; a falta de instituições especializadas e de informações sistematizadas sobre o trabalho informal em Angola, e na cidade de Luanda em particular, devido, principalmente, à inexistência de centros de estudos e pesquisas na maioria das Universidades do país, tanto públicas como privadas. Por esta razão, valemo-nos de fontes múltiplas, como: jornais, fotos, informações e dados de domínio público, mas que são inteiramente confiáveis para sustentar nossas reflexões.

A pesquisa foi feita por meio de observação participante e entrevistas grupais semiestruturadas. A observação semiestruturada foi realizada nos lugares de mais concentração dos jovens, tendo por base um roteiro previamente elaborado com os tópicos das situações que deveriam merecer mais atenção do pesquisador. As entrevistas foram feitas com três pequenos grupos de jovens vendedores ambulantes compostos por um número de participantes que variou entre 5 e 6 sujeitos. De modo geral, o estudo contou com 16 sujeitos que participaram inclusive na preparação de todo o processo, fazendo com que se sentissem parte deste.

Foi uma opção nossa manter os depoimentos na forma como eles foram expressos pelos sujeitos, no intuito de preservar a linguagem popular. Para garantir essa originalidade das suas narrativas, servimo-nos da gravação dos seus relatos — que posteriormente transcritos permitiram a análise mais exaustiva de seu conteúdo, mediado pelas análises e reflexões apresentadas no decorrer da obra. É importante esclarecer que em algum momento do livro aparecerá o termo delinquência juvenil, que é usado no contexto angolano para referir-se ao ato infracional praticado pelo segmento infantojuvenil da sociedade.

A qualidade da reflexão dos jovens e sua apreensão aprofundada da realidade em que vivem enquadram o estudo no grupo de trabalho de construção coletiva, feito por muitas mãos, cada um/a com sua experiência e sabedoria — bem visível nas narrativas nos grupos de discussão —, o que permitiu construir o caráter científico e acadêmico do trabalho. Frisar que os depoimentos resultantes das discussões, por ocasião da análise, foram complementados com as informações contidas nos relatórios das observações e entrevistas individuais realizadas nos lugares de trabalho desses jovens, onde se entrou em contato com o seu quotidiano marcado por inúmeros riscos, mas que se tornam pouco significativos diante da luta necessária para a sobrevivência.

A presente obra está estruturada em três capítulos. No capítulo I, apresenta-se o contexto histórico da pesquisa, mais concretamente, os aspectos socioeconômico, político e cultural de Angola — e de Luanda, em particular. O intuito é situar o leitor e possibilitar que este compreenda as interligações existentes entre o contexto e os determinantes que contribuem para o envolvimento dos jovens no trabalho informal, ou seja, na venda ambulante.

Já o capítulo II traz uma reflexão apurada das categorias principais no estudo da juventude, que constituem o mundo do trabalho (enfatizando o trabalho informal), e as categorias que compõem o estudo das expressões da questão social, como pobreza, desigualdade social, exclusão e vulnerabilidade.

Finalmente, o Capítulo III apresenta as discussões que configuram a centralidade da nossa obra, ou seja: reflexões consubstanciadas em relação ao trabalho informal em Luanda e a análise do significado do trabalho informal, baseadas nas experiências de trabalho e de vida dos jovens no contexto da cidade. Busca compreender a realidade concreta desses jovens, a partir dos seus depoimentos e relatos subtraídos das discussões em grupo e das observações e contatos realizados pelo autor, articulados aos conhecimentos acumulados sobre a questão estudada, resultantes de leituras, análises e reflexões sobre a produção dos autores consultados em relação aos temas que compuseram o contexto das categorias de análise.

Nas considerações finais, apontam-se, sobretudo, as conclusões a que se chegou ao analisar-se as nuances da realidade pesquisada na perspectiva de sua superação. Essa última análise teve por propósito subsidiar o planejamento e a execução de ações que atendam aos diferentes problemas vividos pelos jovens migrantes, vendedores ambulantes em Luanda.

CAPÍTULO I

ANGOLA E LUANDA:
uma história a ser contada

1.1 Angola: nossa história, nossas raízes

A abordagem desta temática referente aos significados do trabalho informal em Luanda exige que se situe Angola em seus aspectos históricos, sociais, políticos e, inclusive, culturais. Esse resgate histórico é importante, pois ajuda na compreensão desse espaço e nas determinações do trabalho informal, cuja visibilidade se expressa nas experiências e vivências quotidianas de diferentes jovens, dentre os quais os vendedores ambulantes.

Trata-se de um contexto cuja história continua em permanente processo de construção, valendo-se das mentes e das mãos daqueles que, ainda permanecendo no silêncio de suas almas, acreditam ser possível ultrapassar o caos imposto pela realidade quotidiana. É importante ressaltar que a história de Angola antecede a colonização portuguesa — um aspecto muitas vezes não referenciado, mas que vale registrar nesta obra.

O território que é hoje Angola encontra-se, localizada na zona austral do continente africano, com uma extensão territorial de

1.246.700 quilômetros quadrado, e está limitada ao Norte pela República Democrática do Congo, anteriormente denominada de Zaire, ao Sul, pela República da Namíbia, a Leste pela República da Zâmbia e a Oeste pelo Oceano Atlântico.

Segundo Matta (1893), o nome "Angola" tem raiz no termo *Ngola*, que era título de um dos potentados Ambundos que existiu no Antigo Reino do Ndongo, entre o Anzele, Ambaca e Pungo Andongo, nas atuais províncias do Bengo, Kwanza Norte, Kwanza Sul e Malanje, no período do início da expansão da influência dos portugueses sobre o Antigo Reino do Kondo por volta da segunda metade do século XVI. Ainda na visão do autor, o termo *Ngola* tem origem no termo *Ngolo*, que na língua do povo Ambundo (Quimbundo) significa "Força", que tem significado parecido na língua Kikongo. E foi deste termo que os portugueses depreenderam que *Ngola* era aquele que tinha Força, o poderoso, passando a chamar a região de terra do Ngola, terras d'Angola, que evolui para Angola.

O nome dado pelos portugueses estendeu-se por toda a colônia e passou a ser utilizado nas cartas coloniais a partir do século XIX (Parreira, 2003). Angola foi colônia portuguesa por um longo período, que vai de 1484 — época em que chega o primeiro grupo de portugueses à foz do rio Zaire — até 1975, quando ocorre a sua independência, como resultado do culminar da "guerra de libertação nacional[1]", — momento histórico para o país.

Cabe ressaltar que, ao longo de sua história como colônia, o país esteve também sob o domínio de holandeses, de 1641 a 1648, e, ainda, de brasileiros, que conquistaram esse domínio por meio de uma ação armada nos meados do século XVIII. O término da dominação brasileira deveu-se ao fato de Portugal — tendo em conta seus interesses econômicos e políticos — ter optado pela retirada de todos os funcionários ligados ao Brasil e colocado em seu lugar os partidários

---

1. A chamada "guerra de libertação nacional" envolveu as forças armadas portuguesas e os vários grupos independentistas armados e dispersos em algumas zonas, escassamente povoadas, no vasto território angolano.

da metrópole. Angola, por um longo período, serviu também como a maior fonte de mão de obra para as plantações brasileiras. Entretanto, nas palavras de Carvalho (2008, p. 8):

> Esse longo período de colonização marcou profundamente o sistema de organização social, político e econômico de Angola, mantendo uma sociedade central alicerçada no sistema de produção capitalista, por um lado, e, por outro, as comunidades periféricas que poucos contactos tiveram com esse sistema, assumindo regras de funcionamento próprias e diferentes da sociedade colonial.

Após a independência proclamada em 11 de novembro de 1975, o país foi denominado República Popular de Angola. Hoje, República de Angola, fruto do processo de democratização que o país viveu a partir dos Acordos de Paz de Bicesse[2]. Trata-se de um país jovem porque, por um lado, é majoritariamente constituído por crianças, adolescentes e jovens, — que compõem 70% da população, sendo 48,4% com idades compreendidas entre os 0-14 anos e 17,9% entre os 14-24 anos (Ine, 2016) — e, por outro lado, porque carrega em sua história apenas 42 anos de independência e 16 anos de paz definitiva, após quase três décadas de uma guerra cujas consequências levarão séculos para serem superadas.

É nesse sentido que esta obra trata de um dos segmentos da população que mais viveu e sofreu as consequências da guerra que afetou o país durante décadas. Essa guerra deixou marcas indeléveis nesses adolescentes e jovens, pois, além de terem sido, em algumas circunstâncias, atores diretos do conflito — já que muitos deles serviram como militares nos dois lados envolvidos no conflito —, foram quase sempre colocados em estado de risco permanente, imposto pela guerra: constantes migrações, fome e outras fontes de vulnerabilidade.

---

2. Acordos assinados na cidade de Estoril, Portugal em 31 de maio de 1991. Tais acordos foram seguidos pelo Protocolo de Lusaka, um tratado assinado na capital zambiana, em novembro de 1994. Esses acordos e protocolo foram estabelecidos na busca de uma solução pacífica para a guerra.

Em termos administrativos, o último Censo da População e Habitação realizado pelo Instituto Nacional de Estatística em 2014 mostrou que o país é constituído por 18 províncias, 164 municípios e 559 comunas. A cidade e província de Luanda — uma das primeiras fundadas, em 1575 — é sua capital (Ine, 2016).

O referido estudo apontou ainda que a população do país ronda os 24, 3 milhões de habitantes, sendo 11,8 milhões do sexo masculino (48%) e 12,5 milhões do sexo feminino (52%). Grande parte dessa população está concentrada no Norte e nas províncias do litoral — regiões que foram menos afetadas pela guerra civil que devastou o país por mais de três décadas. O universo apresentado anteriormente é constituído por uma população urbana, estimada em 63%, e uma população rural com 37%.

Nesse universo, 70% são crianças, adolescentes e jovens, como dito anteriormente — a quem, durante muitos anos, foram negados direitos e condições para seu desenvolvimento integral. As consequências dessas ausências se tornam visíveis na juventude, na medida em que uma criança que não foi cuidada e viveu desprotegida poderá, no futuro, ser um jovem despreparado para enfrentar os desafios que a vida adulta impõe.

Ainda no que tange ao aspecto populacional, ressalta-se que a população angolana é, na sua marioria, oriunda do grupo bantu originário do Vale Médio do rio Benué, afluente do rio Níger, localizado entre os atuais territórios dos Camarões e a Nigéria, por volta do século XIII. Esse grupo compreende cerca de 100 agrupamentos etnolinguísticos que compõem nove subgrupos principais: Bakongo, Ambundu, Lunda-Tchokwé, Ovimbundu, Nganguela, Nhaneka-Humbi, Ambó, Herero e Xindonga. Além deste grupo, o país é constituído por outros povos denominados de não bantu ou pré-bantu, nomeadamente os Khoi, os San e os Vátuas. Nesta obra optou-se pela perspectiva de Pedro Maria (2015), diferentemente daquela apresentada por Redinha (1970), que junta os dois grupos Khoi e San que dão a designação de Khoisan, por apresentarem características muito semelhantes.

É importante ressaltar que, dos grupos bantu citados, os Bakongo e os Ambundu foram os que mantiveram os primeiros contatos com os europeus. Trata-se de uma cultura assente na família, enquanto elemento central do desenvolvimento da comunidade. Segundo Altuna (1993), o bantu precisa viver em conjunto, participar, sentir-se amparado e acolhido num grupo numeroso e defender-se contra a hostilidade da natureza, de inimigos e ações de seres invisíveis, da magia ou da ação do homem.

A diversidade cultural que caracteriza o país nas suas diferentes dimensões de vida — referentes aos costumes, às tradições, aos hábitos, entre outras — também se expressa na sua dimensão linguística: embora o país tenha o português como língua oficial[3], conta, ainda, com uma variedade de línguas nacionais. Dentre as mais faladas, destacam-se: Umbundu, Kimbundu, Kikongo, Tchokue e Nganguela — o que faz com que o país seja considerado "plurilíngue".

O país possui um clima tropical úmido e seco que se modifica de acordo com a latitude. Dispõe de inúmeros recursos em diferentes setores de atividade, com maior destaque para a produção agrícola — até 1975 ocupou o terceiro lugar como produtor mundial. É considerado um dos países da África com maiores recursos — seu povo e sua história poderiam colocá-lo como o mais desenvolvido do continente africano.

Essa situação cria um paradoxo entre a riqueza e a pobreza, na medida em que a riqueza do país não se expressa em melhorias de qualidade de vida e de serviços à disposição da população — principalmente nos setores da saúde e da educação, tidos como chave para o desenvolvimento de qualquer país ou sociedade. Embora Angola fosse dos países que mais cresceu economicamente, pelo menos até 2013, cujo Produto Interno Bruto (PIB) aumentou consideravelmente — como resultado principalmente da exportação do petróleo —, tal realidade não contribuiu para o alcance de uma vida mais digna para a população.

---

3. A inserção do português como língua oficial é resultado do processo de colonização portuguesa vivido pelo país.

Desde 2008 o país vem ensaiando o processo da descentralização administrativa e financeira em algumas províncias e municípios[4]. Essa descentralização é concebida pelo governo como uma das estratégias para a melhoria de situações pontuais das comunidades, bem como para o combate à pobreza persistente, principalmente nas zonas recônditas, de modo particular nas zonas rurais — pois é dado comprovado o fato de que a pobreza em Angola, embora se observe também nas grandes cidades como Luanda, ela está praticamente concentrada nas zonas rurais, daí a mobilidade dos jovens vindos sobretudo do interior de outras províncias para Luanda.

Angola possui uma taxa de analfabetismo de adultos que ronda os 41,7% e a esperança de vida é de 45,2 anos — embora dados recentes indiquem que, em 2008, a esperança de vida da população angolana tenha passado para 47 anos de idade, um número que se entende ser ainda baixo, exigindo do Estado, desta forma, um esforço para a melhoria da qualidade de vida das populações.

Quanto à educação, é importante reconhecer os esforços empreendidos pelo governo, pois, nos últimos anos, conseguiu-se recuperar muitas infraestruturas de ensino destruídas pela guerra em quase todo o país. Houve também um esforço no sentido da construção e do aparelhamento de novas escolas, da melhoria do salário dos professores e das condições de trabalho. Porém, todos esses avanços registrados na educação pouco contribuíram para a melhoria da qualidade do ensino e da aprendizagem das crianças, dos adolescentes e jovens dos segmentos mais pobres da população, porque persistem os problemas relacionados com elevadas taxas de fracasso escolar dos alunos, número considerável de crianças fora do sistema de ensino e problemas com a qualidade do ensino.

---

4. O processo de descentralização administrativa e financeira foi concebido em 2007 e implementado um ano depois, em 2008, com a concessão de 5 milhões para algumas províncias e municípios. Em 2009, essa concessão foi suspensa devido à má gestão da verba por parte de alguns governadores e administradores municipais. Entretanto, em 2010, sua implementação foi retomada.

Tal fato ocorre porque a educação continua a enfrentar diversas questões que, de um modo geral, prejudicam o seu desempenho. Tais questões prendem-se a fatores como "insuficiente rede escolar e de corpo docente quer em quantidade, quer em qualidade, programas inadequados, meios de ensino insuficientes, condições de trabalho degradadas e inadequadas" que, de uma forma geral, têm contribuído "para as altas taxas de abandono, de repetência e baixa taxa de promoção" (Angola, s/d, p. 103).

Para agravar ainda mais a situação, foi implementada uma reforma educativa, que mais ajuda na deformação do processo de ensino e aprendizagem, já em si debilitado. Todos os anos aumenta o número de crianças fora do sistema formal de ensino, atrasando a efetivação dos compromissos do Estado em relação às Metas de Desenvolvimento do Milênio, sobretudo àquelas referentes à garantia, até 2015, de que todas as crianças, de ambos os sexos, terminem um ciclo completo do ensino básico. Quanto a esta questão, as estimativas de 2018 apontam para dois milhões de crianças, adolescentes e jovens fora do sistema formal de ensino.

A queda do regime de Salazar, em Portugal, em 1974, suscitou nos nativos de Angola o desejo de tornar o país independente e agravou também a rivalidade entre seus três principais movimentos políticos, nomeadamente: Movimento Popular de Libertação de Angola (MPLA), União Nacional para Independência Total de Angola (Unita) e a Frente Nacional de Libertação de Angola (FNLA). Cada um desses movimentos expressava uma ideologia diferente, configurando-se inclusive em campo de disputa de significados, em função mesmo da própria história angolana. O desejo de independência levou, em janeiro de 1975, à assinatura dos Acordos de Alvor[5], entre os

---

5. Os Acordos de Alvor, assinados entre o governo português pelo então ministro da Coordenação Interterritorial, e integrada pela delegação portuguesa, e os três Movimentos de Libertação de Angola, nomeadamente, o MPLA, a UNITA e a FNLA, em janeiro de 1975, em Alvor, no Algarve, estabeleceram os parâmetros para a partilha do poder na ex-colônia entre esses movimentos, após a concessão da independência de Angola

movimentos referenciados a Portugal, os quais previam um governo de transição — o que, infelizmente, não surtiu efeito.

O fracasso desses acordos fez ressurgir a guerra civil[6]. Essa nova guerra surgida após a independência e mantida pelos três movimentos contou com a ajuda de grandes potências mundiais que apoiavam os intervenientes de acordo com os seus interesses. Assim sendo, a União Soviética e Cuba apoiavam o MPLA, os Estados Unidos e outras potências europeias apoiavam a FNLA, enquanto a UNITA era apoiada pelas forças sul-africanas.

No entendimento de Lopes (2010), o apoio dado a esses movimentos pelas grandes potências mundiais contribuiu para a expansão da guerra por todo o território nacional: tais potências firmaram acordos com finalidades econômica e militar, que culminaram no fornecimento de armamentos e de pessoal treinado para apoiar e, até mesmo, fazer parte dos conflitos, em troca do acesso à exploração de diamantes e do petróleo em solo angolano — estes, aliás, são os dois grandes recursos econômicos do país.

A guerra pós-independência, se assim a podemos designar, vai até 31 de maio de 1991, ocasião em que são assinados, em Portugal, os Acordos de Bicesse — por José Eduardo dos Santos, na altura presidente da República de Angola, e Jonas Savimbi, líder da UNITA. Como resultado, realizaram-se as primeiras eleições legislativas e presidenciais, com a implantação do multipartidarismo, o qual proporcionou o surgimento de outros partidos na cena política do país. Mas, pela segunda vez, os acordos de paz fracassaram e o país voltou a mergulhar numa guerra civil sem precedentes, que muitos chamaram de guerra pós-eleitoral de 1992.

Essa guerra pós-eleitoral foi um autêntico genocídio. Foi uma guerra de muitas tragédias, cada qual com seu nome e sua história,

---

6. Designação atribuída ao confronto militar ocorrido em Angola, logo após o fim da guerra de independência do país, envolvendo os três principais movimentos intervenientes — o MPLA, a UNITA e a FNLA. Essa guerra foi travada em três períodos distintos de grandes combates, mediados por alguns momentos de paz, 1975-1991, 1992-1994 e 1998-2002.

que podiam ser escritas em livros com páginas incontáveis. Dentre as tragédias, enumeram-se apenas algumas: a estagnação da economia do país por longos períodos, a destruição das infraestruturas sociais e econômicas, o surgimento de deslocados internos, principalmente nas cidades capitais das províncias, assim como a saída de muitas populações na condição de refugiados para países vizinhos, única alternativa encontrada por elas para a garantia de sua segurança e da própria sobrevivência.

Observou-se, ainda, a tomada de espaços das principais vias das cidades, de homens e mulheres, em sua maioria jovens, como vendedores ambulantes — uma nova estratégia e alternativa de sobrevivência, diante do déficit na oferta de empregos para esse segmento da população. É importante ressaltar que essa realidade do conflito armado contribuiu de forma significativa para a redução de oportunidades para adolescentes e jovens dos segmentos mais pobres da população, sobretudo no que diz respeito ao acesso ao ensino, à formação profissional, ao emprego, à ocupação de tempos livres e outros benefícios indispensáveis para o real desenvolvimento integral deles.

Em 2002, após várias tentativas fracassadas, o país consegue realmente estabelecer a paz definitiva, clima que contribuiu para a realização das segundas eleições legislativas, de setembro de 2008, que inaugurou a 3ª República, responsável pela elaboração e aprovação da nova Constituição, que entrou em vigor em 5 de fevereiro de 2010. É importante sublinhar que os longos anos de guerra, assim como as várias tentativas fracassadas de busca de paz, mostraram de forma clara que naquela altura não havia, por parte dos líderes de movimentos políticos em Angola, qualquer compromisso com a paz.

Como se percebe, a independência alcançada em 1975 não proporcionou os benefícios esperados, sobretudo quanto à melhoria das condições de vida da população, que lhes daria certa dignidade. Ainda hoje o país é marcado por altas taxas de vulnerabilidade; de exclusão social; de mortalidade infantil; de crianças, adolescentes e jovens fora do sistema de ensino; de desemprego e analfabetismo.

Em relação à saúde acontece o mesmo que se vive na educação, pois apesar de todo o investimento que vem sendo feito e o clima de paz de 16 anos, o país vive ainda uma crise total, traduzida na insuficiência e degradação de sua infraestrutura — hospitais, centros e postos de saúde —, na má qualidade dos serviços prestados à população. Essa má qualidade, muitas vezes, ocorre em decorrência: da falta de pessoal técnico e auxiliar em quantidade e qualidade, que possam garantir a cobertura dos atendimentos em todas as localidades do país; da falta de materiais de trabalho e de medicamentos, entre outros; da falta de pessoal qualificado para garantir a gestão das unidades hospitalares existentes.

Já que a centralidade, nesta obra, é a juventude, é importante ressaltar que as altas taxas de desemprego e de pobreza extrema vivida por esse segmento da população, em quase todo o país, têm originado o crescimento da criminalidade urbana que o envolve. Tal realidade fica evidente pelos dados divulgados, por exemplo, pelo Comando Provincial da Polícia Nacional em Benguela que aponta, dentre os 4.455 detidos, 4.331 são jovens desempregados, o que corresponde a 90% dessa população[7]. Tal realidade mostra claramente a necessidade de,

> formação e qualificação massiva de recursos humanos locais e um investimento nos sectores sociais e da criação de um ambiente de negócios cada vez mais transparente, atractivo, desburocratizado e eficaz, que possibilite a construção de uma rede empresarial na agricultura, na indústria e nos serviços que seja geradora de emprego (Rocha, 2006, p. 5).

Isso poderá, a nosso ver, proporcionar a distribuição mais equilibrada das riquezas por uma economia produtiva, melhor financiamento dos setores sociais — e, também, maior coleta de imposto — já que, por si só, "a alta taxa de crescimento de 20,6% verificada em 2005 não se apresentou suficiente para criar emprego e reduzir

---

[7]. Disponível em: < http://www.voanews.com/portuguese/news/BENGUELA-114143969.html>. Acesso em: 20 jan. 2011.

drasticamente a taxa de desemprego que se situa em cerca de 30% da população activa" (Idem, p. 5).

Com a crise financeira que assolou o mundo nos finais de 2009 — que, inclusive, desestabilizou as chamadas economias mais desenvolvidas do planeta — e que no caso de Angola retomou em finais de 2014 com a descida do preço de petróleo no mercado internacional, o governo apercebeu-se que Angola precisava diversificar a sua economia, ou seja, desenvolver e investir em outros setores, como, por exemplo, a agricultura e a indústria, de forma a deixar de ser um país dependente, uma vez que quase a totalidade dos produtos por ela consumidos são importados. É importante referir que a crise que o país vive atualmente não reside apenas no baixo preço do petróleo no mercado internacional, mas também na má gestão do erário público.

O momento de paz que o país vive, nos últimos 16 anos, proporcionou a livre circulação de pessoas e bens em quase todo o território nacional, possibilitado pelos investimentos na melhoria das estradas, dentro do programa de reconstrução nacional em curso, mas que devido à qualidade delas quase todas elas estão em más condições de conservação. Lamentavelmente, tal investimento trouxe consequências sérias ao país, pois passou-se a observar níveis altos de sinistralidade rodoviária que se consolidou como a segunda causa de morte no país. Só para se ter uma ideia, de 1990 até o primeiro semestre de 2010, foram registrados, em Angola, 134.540 acidentes de viação, que provocaram 28.047 mortos e 110.334 feridos (Jornal de Angola, 2011). Já dados recentes apontam que de 1º de janeiro a 30 de outubro de 2017 registraram-se mais de 2 mil mortos, 7 mil feridos, numa média diária de 26 acidentes, 7 mortos e 29 feridos (Angop, 2017).

No que se refere à energia elétrica, segundo Kavaya (2009, p. 50), "a rede hídrica de Angola é potente e é reconhecida, mundialmente, até porque o registro da história demonstra quanto é potência mundial em recursos hídricos". Desse modo, apesar de o país ser detentor de inúmeros rios e de haver construído uma das maiores barragens hidrelétricas do continente — que inclusive dá-lhe o luxo de vender energia aos países vizinhos —, Angola debate-se com assustadoras dificuldades no que concerne ao fornecimento de energia elétrica à sua própria população. Para tanto, o país conta com uma Empresa Nacional de Energia (ENE), que tem encontrado inúmeras dificuldades — sobretudo para os mais empobrecidos — para garantir esse bem, que faz parte do direito de todos os cidadãos, nos diferentes recantos de Angola.

Diante deste cenário, entende-se que a população angolana carece de uma educação de qualidade, isto é, que produza conhecimento científico sobre a sua realidade; que dê instrumentos capazes para analisar de forma consciente e crítica a realidade em sua volta; permitindo, desse modo, a construção participada, logo a efetivação de um Estado democrático de direito em crescimento, com a distribuição equitativa da riqueza e da renda; pela elaboração de políticas sociais públicas eficazes e eficientes que alcancem os diferentes segmentos da população; para a efetivação gradual de políticas de emprego voltadas principalmente para os jovens; e, que paulatinamente, possam superar as desigualdades, a exclusão social, a pobreza e a miséria que tanto corroem o quotidiano da maioria da população.

Por fim, é de ressaltar que o cenário apresentado expressa, de certo modo, algumas das determinantes que contextualizam o envolvimento dos jovens na venda ambulante em Luanda, possibilitando assim melhor conhecimento e a oportuna compreensão dessa cidade que se tornou, para muitos jovens migrantes, o espaço de sobrevivência. Esse cenário será complementado com a contextualização de Luanda — enquanto espaço específico de nosso estudo — cuja análise apresenta-se no item que segue.

1.2 Luanda e a sua relação com as demais províncias de Angola

Luanda foi anteriormente chamada Vila de São Paulo da Assunção de Luanda, categoria adquirida em 1627. Foi fundada em 25 de janeiro de 1576 (Angop, 2010) e, neste ano de 2018, completou 442 anos.

A cidade ocupa 2.417,78 quilômetros quadrados, ou seja, 0,19% da superfície do território nacional (Joaquim, 2009).

Em sua história, a cidade capital também foi um importante centro de tráfico de escravos para o Brasil, no período que vai de 1550 a 1850, quando a cidade se limitava a funções militares e administrativas, numa época em que a indústria era pouco evoluída e a instrução pública inexistente. Historicamente, no período compreendido entre 1575-1975, essa cidade foi o centro da colonização portuguesa. A última data, 1975, portanto, espelha o ano em que se proclamou a independência do país e Luanda passou a capital e centro administrativo da República Popular de Angola, hoje República de Angola.

A cidade de Luanda está localizada na zona tropical do hemisfério Sul da África Ocidental, ou seja, na costa ocidental do Oceano Atlântico, o que a torna principal polo e centro econômico-administrativo do país. Atualmente, a cidade é a mais densamente habitada de Angola e a sexta cidade mais povoada do continente africano.

A população, que constitui a cidade de Luanda, pode ser caracterizada sob duas perspectivas: pelo rápido crescimento populacional e/ou pela mistura de pessoas oriundas de diferentes regiões do mundo e grupos etnolinguísticos do país, o que faz dessa cidade um mosaico de identidades ou culturas. Seus habitantes pertencem, majoritariamente, a três grupos do mosaico cultural angolano, em ordem decrescente: Ambundu, Ovimbundu e Bakongo. Nessa conjuntura, resultante das situações provocadas pelo conflito armado, não se pode descartar a possibilidade dessa heterogeneidade ser composta também por habitantes pertencentes a outros grupos etnolinguísticos do continente.

A partir da década de 1970, a cidade cresceu desordenada, tanto em relação às pessoas quanto às construções, o que resultou em grandes problemas. A sua expansão não foi acompanhada por um crescimento em termos de infraestrutura e de serviços básicos, como, por exemplo, o saneamento, que passou a exigir novas linhas de escoamento para águas residuais.

O crescimento populacional observado na província de Luanda corresponde inteiramente ao crescimento urbano que ocorreu na capital do País e que foi provocado pela deslocação da população por motivos de insegurança. A excessiva concentração populacional em Luanda consequencializou uma série de dificuldades e problemas ligados à insuficiência, saturação e deterioração da infraestrutura produtiva e social existente para atender um efectivo populacional que, apesar de ter na migração um componente bastante dinâmico, também se reproduz rapidamente (Angola, s/d, p. 19).

Consequentemente, Luanda apresenta hoje uma configuração populacional heterogênea, favorecida pela intensa interação de indivíduos e grupos detentores de diferentes graus de integração no meio urbano, tendo em conta os diferentes tempos de permanência na cidade. A sua população é estimada em 6,5 milhões de habitantes, o que corresponde a 27% do total do país (Ine, 2016) — o que significa superlotação, uma vez que esta foi projetada para 600 mil habitantes. Ressalte-se que essa superpovoação a coloca também na categoria da terceira maior cidade lusófona do mundo (Angop, 2010), apenas atrás das duas principais cidades e centros econômicos do Brasil, nomeadamente São Paulo e Rio de Janeiro. Essa superlotação explica-se pelo fator guerra, que assolou Angola durante três décadas, pois era das poucas províncias que oferecia condições de proteção e segurança para a população do país.

Dados obtidos pelo Inquérito de Bem-estar da População (IBEP), realizado pelo Instituto Nacional de Estatística em 2008/2009, aponta que dentre as províncias do país Luanda foi a que apresentou maior taxa de migração, na ordem dos 30%. Essa explosão demográfica veio exigir também a melhoria de infraestruturas básicas, o aumento de serviços sociais, que passam pela construção de mais habitações, estradas, postos médicos, escolas e acesso à água potável que, apesar de serem projetos contemplados no programa de reconstrução nacional em curso no país, ainda estão longe de atender a toda a população, principalmente a residente nas zonas periféricas da cidade.

Por outro lado, tal crescimento urbano trouxe consigo também algumas implicações que se substanciaram em alterações na estrutura, composição da população, da ocupação dos espaços urbano e periurbano, e do nível socioeconômico. Nesse sentido, esse crescimento populacional, que se acelerou nas últimas décadas, provocou o aumento da área periurbana — chamada musseques — reconfigurando a cidade em termos de paisagem e provocando transformações sociais, econômicas, culturais, entre outras.

A verdade é que o processo de crescimento acelerado da cidade e das suas periferias, influenciado em grande medida pela guerra e pelas políticas econômicas nacionais, proporcionou transformações relacionadas com o trabalho e as estratégias de sobrevivência e reprodução das famílias, o que exige de seus habitantes constantes adaptações às novas situações que tal processo de crescimento urbano obrigava.

Diante disso é que Rodrigues (2006) afirma que as alterações, provocadas essencialmente pela guerra prolongada, condicionaram em larga medida as formas como os indivíduos administram o seu quotidiano, assim como as configurações sociais que resultaram desse processo, de maneira a assegurar a sua sobrevivência e reprodução. Na visão da autora, de um lado, tais alterações acentuaram, nos últimos anos, as dificuldades de gestão da sobrevivência e reprodução e tendem a aumentar os níveis de pobreza que abrange um número cada vez maior de pessoas. Por outro lado, essas circunstâncias, em conjunto com outras — como o crescimento e expansão do setor informal —, pressionaram transformações em nível econômico, ao mesmo tempo que implicaram reestruturações sociais e alterações na racionalização e prática da urbanidade.

Essa realidade desconfigurou completamente Luanda, que, nas décadas anteriores, era considerada uma das mais belas cidades do continente ao Sul do Saara: em 1872, devido à sua estrutura arquitetônica, a cidade recebeu o atributo de Paris de África, nos dizeres de Jacques dos Santos (2011)[8], quando dos eventos em comemoração aos

---

8. Em entrevista, no dia 25 de janeiro de 2011, na Rádio Nacional de Angola.

435 anos da capital, ao afirmar que antigamente "todas as estruturas de saneamento, de água e luz funcionavam corretamente, não havia esta rede de mercados ambulantes que estão distribuídos pela cidade".

Embora se concorde com a análise feita, quando aponta diferenças, entende-se que está incompleta, na medida em que não relaciona as transformações que Luanda foi obrigada a viver por causa das necessidades provocadas pela guerra. No seu período de referência, o número de habitantes da cidade era muito menor, não tendo havido ainda a efervescente demanda de pessoas vindas dos mais diversos cantos do país em busca não apenas de melhores condições de vida e de habitabilidade, mas, sobretudo de segurança.

Na atualidade, a cidade tem vivido e experimentado — em extensão e intensidade — uma realidade concretamente diferente da dos anos que se seguiram à independência. Essa diferença é substanciada no "peso de fluxos migratórios que sobrecarregaram a capacidade das infraestruturas e dos serviços públicos, pondo em causa a qualidade da vida urbana e a sustentabilidade da cidade" (Amado & Muanamoha, 2003, p. 52).

A cidade na sua heterogeneidade de zonas: uma zona central dividida em duas partes, nomeadamente, a zona baixa de Luanda, constituída na sua maioria pelas antigas casas (cidade antiga), e a cidade alta, que apresenta na sua configuração uma estrutura moderna de construções (a nova cidade). Como qualquer cidade capitalista, conta com zonas dotadas de infraestrutura urbana de ponta — os chamados bairros centrais ou nobres — e de outras zonas menos equipadas — os conhecidos bairros de periferia, como os famosos musseques. Tais zonas encontram-se organizadas de forma menos equipada, pois oferecem pouco ou quase nenhum serviço básico, enquanto as mais equipadas acabam por atrair a formação de polos de serviços e de consumo (Costa, 1989).

Segundo este autor, a distância entre as zonas mais equipadas e as outras menos equipadas ocorre de forma acentuada com tendência a aumentar, sobretudo em razão de processos de exclusão relacionados ao acesso aos meios de consumo.

Essa realidade mostra dois mundos — tão visíveis — que convivem na capital do país: de um lado, os edifícios modernos construídos com tecnologia de ponta e material de última geração; do outro, casas feitas de chapa, lata e muitas vezes construções inacabadas, sem a mínima estrutura arquitetônica. Na maioria das vezes, essas casas estão muito próximas umas das outras, em desacordo com as exigências de urbanização, o que demonstra que nem os requisitos básicos de arruamento dos bairros, disposição dos equipamentos sociais de apoio à população: hospital, escola, posto policial e centro comercial são obedecidos.

No que concerne à divisão administrativa, a cidade conta atualmente com 9 municípios fruto das alterações da estrutura da Divisão Político-Administrativa sofrida em 2011 e 2016, nomeadamente: Belas, Cacuaco, Cazenga, Icolo e Bengo, Kilamba, Kiaxi, Kissama, Luanda, Talatona e Viana, sendo este último um dos mais populosos. Muitos desses municípios são formados por bairros suburbanos e compostos por populações deslocadas, ou seja, de pessoas que deixaram suas províncias e localidades de origem em busca de condições aceitáveis de segurança e protecção, como se pode entender na observação de Rodrigues (2006, p. 74), segundo a qual:

> o crescimento das zonas periurbanas da cidade de Luanda que tem como principal causa a migração de pessoas de outras áreas do país para a capital, é visível no aumento da dimensão do musseque e na densificação da população. A maior parte da população de Luanda, na actualidade, habita estas áreas e as formas como se organiza espacialmente, bem como as bases físicas de inserção urbana, constituem determinantes, de grau variável, das estratégias de sobrevivência e reprodução.

Ainda na visão dessa autora, a dinâmica de crescimento que caracteriza essas áreas é resultado, nas últimas décadas, tanto da expulsão progressiva dos habitantes africanos do centro da cidade — devido ao aumento da população europeia, na época, de maior afluência ao país — como da chegada de migrantes de outras zonas do país à procura de melhores condições de vida (Idem, p. 74).

A verdade é que tais musseques foram crescendo desordenadamente, sem que fossem criadas as mínimas condições de salubridade — sobretudo durante os anos de guerra —, na medida em que as populações do interior do país procuravam refúgio na grande cidade, em razão dos combates e da fome. Assim sendo, os musseques surgem "como expressão da precarização das condições de vida e sobrevivência de grandes contingentes populacionais" (Lucena, 2009, p. 82).

O relatório do Fundo das Nações Unidas para a Infância (Unicef), de 2006, referente à situação da criança, indica que mais de 900 milhões de pessoas no mundo vivem em favelas — equivalente aos musseques de Angola — sendo que a maioria delas não tem acesso a água limpa, instalações sanitárias adequadas, espaços suficientes para viver e habitações adequadas com garantia de posse (Unicef, 2006).

Por outro lado, Luanda é o espaço econômico mais importante de Angola, pois alberga um dos maiores parques industriais do país, onde se destaca a transformação de produtos agrícolas, cimento e demais materiais de construção, tão necessários nesse novo cenário vivido no país marcado por megaprojetos de reconstrução nacional e a produção de bebidas. Concentram-se, também, as indústrias de plásticos, metalurgia, cigarros, têxteis e sapatos, muitos delas ainda em processos de refundação. Nessa perspectiva apresentada anteriormente é que Rodrigues (2006, p. 72) afirma que,

> com a independência, é em Luanda que subsistem algumas indústrias e ali se localizam as estruturas administrativas que integram o grosso da população, que regista um crescimento exponencial desde essa altura, em grande parte devido à guerra civil. Este crescimento rápido impulsiona ainda o desenvolvimento de uma série de actividades comerciais que, em conjunto com outros sectores, promovem um dinamismo económico ímpar no contexto angolano.

É esse dinamismo econômico ímpar de Luanda que contribuiu, em certa medida, para a migração, principalmente do segmento juvenil de outras províncias, para a cidade capital que, além de concentrar a maioria da população do país, possui também 75% de sua indústria, 65% de seu comércio e 90% das atividades financeira e bancária (Pestana, 2009)[9]. Para se ter uma ideia, em 2007, cerca de 55% de todas as empresas e estabelecimentos em atividade encontravam-se em Luanda — uma realidade que não sofreu alterações no atual contexto.

De modo geral, pode-se afirmar que a cidade oferece uma infraestrutura razoavelmente aceitável, mas insuficiente perante a demanda e necessidades da população e até mesmo os desafios que os habitantes do país em geral, e da cidade de Luanda em particular, têm que enfrentar nesse novo cenário de pós-guerra. O fato é que a condição privilegiada que a cidade possui e a sua constituição como centro econômico do país — uma vez que foi a província na qual o país mais investiu — criaram nas populações das demais províncias (sobretudo nos jovens) a ideia de "cidade maravilhosa", onde podiam realizar com tranquilidade seus sonhos e ter perspectivas de uma vida melhor para seus filhos.

Segundo Rocha (2010, p. 40), Luanda é, "atualmente, um verdadeiro *melting pot*, onde se entrecruzam diferentes culturas angolanas e se aglutinam hábitos e costumes que representam todas as parcelas do território". No entender do autor, "se fosse mais igualitária — tivesse menos pobreza, mais acesso à habitação, educação, saúde e saneamento, menos condomínios de luxo, maior equilíbrio no acesso ao emprego e às oportunidades de negócio —, poderia ser considerada um *case study*, do duplo ponto de vista econômico e político" (Idem, p. 40).

Tal realidade revela aquilo que o autor chama de "assimetrias regionais" que, baseadas no critério da localização dos recursos naturais e da produção, escondem o fato de que os resultados financeiros e econômicos dessas atividades se concentram em Luanda, fazendo da capital do país o maior centro financeiro nacional e o mais importante centro de negócios de Angola. Esta situação configura uma espécie de "colonialismo interno", em que as regiões dotadas de recursos naturais são "exploradas" pela "metrópole urbana, política e econômica" que é Luanda (Rocha, 2010, p. 77).

---

9. Disponível em: <http://www.pambazuka.org/pt/category/features/53120>. Acesso em: 28 jun. 2010.

Nesta vertente é que Rodrigues (2006) afirma que as causas do afluxo de um número crescente de pessoas à capital prendem-se não só com a expulsão provocada pela guerra nas outras províncias, mas também com a atração que o centro urbano exerce com oportunidades econômicas e acesso a serviços e infraestruturas.

A cidade de Luanda vive grandes problemas relacionados com a habitação, principalmente entre a camada juvenil. Os jovens são obrigados a permanecerem com seus pais mesmo depois de formarem novas famílias porque muitos são desempregados e não possuem condições de adquirirem a casa própria, tendo em conta os preços praticados no mercado imobiliário na atualidade; mesmo os que trabalham também têm quase as mesmas dificuldades devido ao valor do salário que auferem. Para resolver essa situação, prometeu-se, durante a campanha eleitoral de 2008, a concessão de terrenos aos jovens para a autoconstrução dirigida e para casas sociais, mas tal promessa, até a presente data, ainda não foi cumprida na totalidade. Foram concebidas novas cidades, que se denominaram novas centralidades urbanísticas, construídas nos municípios de Luanda, Viana e Cacuaco, mas que não atendem quem realmente precisa.

Muitos dos jovens que precisam de casa estão desempregados e os que trabalham têm salários inferiores a 35.000,00 (trinta e cinco mil kwanzas), que é o valor mensal atualmente cobrado nas centralidades quando o salário base é de 15.000,00 (quinze mil kwanzas), o que não lhes permite concorrer para a aquisição de tais habitações, fazendo com que muitas dessas residências sejam adquiridas pelos que já moram em condomínios de luxo e em bairros nobres, como Talatona e Nova Vida, tendo em conta os valores atribuídos às moradias. Aliás, tal situação não é exclusiva da cidade de Luanda, mas do país de um modo geral, o que acirra ainda mais as desigualdades sociais, que vêm permeando a realidade angolana, que divide os cidadãos entre angolanos de condomínios luxuosos e aqueles de musseques, espalhados em diferentes cantos da cidade capital.

Um exemplo concreto foi o sorteio das primeiras residências para jovens, ocorrido no mês de agosto de 2010, na capital do país.

Os contemplados neste sorteio acabaram por desistir, por falta de condições financeiras para arcarem com a parcela inicial de US$ 15 mil, depois de terem recorrido sem sucesso ao crédito bancário — isso porque os salários auferidos não são suficientes para cobrir um empréstimo relativo à parcela inicial exigida pela imobiliária.

Quanto aos problemas relacionados com os serviços públicos, vividos pela urbe luandense, destacam-se: o deficiente saneamento básico, as ruas esburacadas; a falta de água potável canalizada; a energia elétrica deficiente; problemas de transporte e de circulação rodoviária; o que determina enormes congestionamentos e engarrafamentos nas vias principais e secundárias, tendo em conta a inoperância das vias terciárias, dificultando a circulação das pessoas. Diante disso, é que Rocha (2010) afirma que,

> O trânsito em Luanda é um dos exemplos mais acabados de incumprimento das regras e leis existentes e de desrespeito por cidadãos que no deserto da indisciplina constituem verdadeiros oásis. A desorganização e a indisciplina são já um perfeito estado de espírito em Angola, uma predisposição diária dos cidadãos, afinal e também, uma adaptação reactiva à marginalidade social e ao baixo rendimento económico (em casa onde não há pão, todos ralham e se calhar todos tem razão). Ora bem, quando determinados comportamentos se transformam em condições de espírito, então só um processo de mudança geracional poderá alterá-las. Mas, do mesmo modo, são imprescindíveis modificações em certas estruturas institucionais como é o Estado, no sentido de evitar o enraizamento de determinadas atitudes avessas ao racionalismo, à autoridade e à disciplina.

Essa ausência de serviços contribui para a redução de inúmeras oportunidades a que teriam direito a juventude **do país** e da província de Luanda em particular. Por outro lado, na mesma perspectiva, referimo-nos, sobretudo, ao acesso ao ensino de qualidade, à formação profissional, ao emprego, às ocupações de tempo livre e a outros benefícios indispensáveis para o real desenvolvimento integral. Por outro lado, a realidade do país mostra que existe um forte processo estrutural de exclusão social da juventude como sujeitos portadores de direitos, tendo em conta o número populacional desse segmento na sociedade angolana.

Pode-se afirmar também que, em Luanda, os maiores problemas do setor social concentram-se nas áreas da saúde e da educação, cujos sistemas são praticamente ineficientes, tanto no que se refere aos recursos materiais quanto aos recursos humanos qualificados. Todos esses problemas são mais agudos, principalmente, nos musseques espalhados pela cidade capital.

Esses problemas traduzem-se no que se denomina de diferentes expressões da questão social que se apresentam complexas, nomeadamente: a elevada taxa de desemprego, principalmente entre os jovens — que são remetidos para o trabalho informal; para o ato infracional que cresce, resultante das gritantes desigualdades sociais e o envolvimento de um número considerável de jovens com bebidas alcoólicas — situações que atingem os jovens de quase todo o país.

Casos de delinquência juvenil têm estado a aumentar no país

DOMINGOS SANTOS |

O número de jovens dos 14 aos 18 anos de idade em conflito com a lei tem estado a aumentar nos últimos tempos, disse ontem, em Luanda, o segundo comandante-geral da Polícia Nacional para a Ordem Pública, Paulo de Almeida.

Paulo de Almeida, que falava durante um encontro com "deputados" da segunda Comissão de Defesa, Segurança e Ordem Interna do Parlamento Escolar, explicou que estes jovens estão envolvidos em crimes de assaltos à mão armada a residências, roubo de telemóveis, de carros e de violação sexual.

A alta patente da Polícia Nacional disse que esses jovens sofrem de vários problemas no lar, como a falta de emprego, de educação, de cuidados de saúde, de atenção dos pais e de inserção na sociedade.

"Este é um fenómeno social em relação ao qual a Polícia, em certa medida, é impotente para dar solução. À corporação só resta combater os efeitos", disse.

Paulo de Almeida lamentou o facto de o país não ter centros de reeducação de menores, depois de ter sido encerrado o único que existia em Cacuaco.

"Nestes centros, os jovens seriam acompanhados por uma equipa de psicólogos, sociólogos e outros especialistas, que iriam fazer um acompanhamento fechado, no sentido de descobrir as causas que estão na base do seu comportamento marginal", explicou.

A presidente da segunda Comissão de Defesa, Segurança e Ordem Interna do Parlamento Escolar, Maxwela Moniz, disse que os "parlamentares" estão preocupados com a delinquência juvenil nas escolas onde estudam.

Maxwela Moniz frisou que, fruto das informações que receberam da Polícia Nacional, serão realizadas palestras nas escolas representadas no Parlamento Escolar, com vista a sensibilizar os seus colegas sobre as consequências da delinquência juvenil.

O Parlamento Escolar é um projecto que está a ser inicialmente implementado nas províncias de Luanda e Cabinda e tem como grupo-alvo jovens estudantes dos 15 aos 20 anos das escolas públicas do primeiro ciclo.

Figura 1 — Jornal de Luanda, 29 de maio de 2009, p. 31.

Do ponto de vista do desemprego, a situação é, no geral, muito preocupante, revelando uma incapacidade estrutural da economia nacional para viabilizar ocupação economicamente rentável e socialmente digna a quase 30% da sua população em idade ativa. Além de Luanda, todas as outras regiões apresentam também capacidade reduzida de criação significativa de emprego (Rocha, 2010).

Há, na verdade, apesar dos esforços que têm sido envidados, uma dificuldade por parte do governo da província em gerir os problemas advindos do processo de crescimento que a cidade tem vivenciado nos últimos anos. Esses problemas são principalmente referentes à gestão de infraestruturas — notadamente a garantia de um sistema de transporte público que funcione com certa qualidade para que a circulação da população não dependa dos "candongueiros", veículos de propriedade de pessoas muitas vezes ligadas aos altos cargos da função pública. Essa dificuldade de gestão do governo da província verifica-se também em relação à coleta de resíduos sólidos urbanos, a qual se apresenta, até o momento, muito abaixo das necessidades da cidade. O mesmo acontece com o fornecimento e distribuição de água potável e eletricidade, com a insuficiência de infraestruturas escolar, sanitária, entre outras.

Esse cenário contrasta com as notícias que eram publicadas nos meios de comunicação social, em Angola e no estrangeiro, que apenas faziam referência ao crescimento econômico do país — tido como uma das economias que mais cresciam no planeta, sem ressalvar o não acesso da população aos produtos dessa riqueza — porque esse crescimento não vinha traduzido na diminuição das desigualdades sociais, da pobreza, da exclusão social e da concentração de renda que o país apresenta, e que é vivida pela maior parte da população angolana e pela população da cidade de Luanda em particular.

De fato, verifica-se que o forte crescimento econômico que o país sustentava nos últimos anos, numa média de 20% ao ano, tinha fraca incidência social, uma vez que esses elevados níveis de crescimento econômico ou de melhorias macroeconômicas não produziram impacto relevante na melhoria das condições de vida da população e, por outro lado, contribuíram cada vez mais para a ampliação das desigualdades sociais e das disparidades na distribuição das riquezas do país.

A realidade tem mostrado a dificuldade do governo da província em dar resposta às necessidades fundamentais dos cidadãos — principalmente do segmento juvenil, embora se reconheça como já se sublinhou anteriormente os esforços que têm sido envidados na contemporaneidade. Isso ocorre, em parte, porque a origem dessas necessidades está assente nos processos de globalização e de transformação ocorridos no mundo do trabalho em nível mundial, assim como na ineficácia das políticas macroeconômicas do país, na correção dos fortes desequilíbrios macroeconômicos que se verificaram nos anos de 1990, apontados como causas da pobreza e do desemprego.

Relativamente a essa última questão, as estimativas dão conta de que a cidade de Luanda apresenta taxa de desemprego na ordem de 40%, perante um setor formal com capacidade de absorção cada vez mais limitada. O elevado número de cidadãos que procuram trabalho é, principalmente, de jovens em busca do primeiro emprego, ou seja, os que mais têm sofrido são os jovens, as mulheres e os maiores de 45 anos. Essa situação de desemprego da camada juvenil em Luanda é tão acentuada que provoca o crescimento dos índices de atos infracionais. Tal prática é usada como meio para satisfazer desejos, necessidades e garantir a própria sobrevivência frente a um processo crescente de exclusão, desigualdades, pobreza, miséria e desinteresse — fruto de ineficientes políticas sociais públicas e macroeconômicas. Analisadas ao pormenor, essas políticas atendem mais a salvaguardar os interesses da elite — que é uma minoria — do que da maioria da população angolana.

Para intervir nesse cenário, o governo da província, juntamente com o Ministério da Administração Pública, Trabalho e Segurança Social (MAPTESS) e o Ministério da Juventude e Desportos, tem desenvolvido programas ou ações de combate à pobreza e prevenção e combate à criminalidade e aos atos infracionais, por meio da concessão de microcréditos, numa parceria com alguns bancos comerciais. Mas tal iniciativa não tem tido resultado, aliás informações obtidas dão conta de que em nenhuma província os resultados atingiram 30% de sucesso. Prova disso é a falta de relatórios oficiais de divulgação dos resultados dos programas de investimento ou equivalente.

No caso particular de Luanda, foram investidos nesse programa empréstimo de microcrédito, em 2008, cerca de US$ 2,340 milhões. Dos grupos de Luanda que acederam a esses créditos, foram localizadas e comprovado o seu pleno funcionamento cinco cooperativas cujo valor do crédito concedido corresponde ao equivalente a US$ 10 mil.

Ainda para esse programa, houve investimento em formação profissional desenvolvido em diferentes pequenos centros de artes e ofícios espalhados por Luanda, com reduzida capacidade de recebimento de alunos. Tais formações ofereciam no seu final um *kit* de ferramentas para uso prático dos conhecimentos adquiridos durante os seis meses de aprendizado de um ofício. Essa prática se direciona para a criação de microempresas e para a melhoria das condições de vida, numa clara preocupação em diminuir os elevados índices de desemprego entre os jovens da capital que é significativamente superior ao restante da população e, consequentemente, esse é o maior segmento da população inserido no trabalho informal, principalmente no comércio ambulante.

A situação referenciada reflete que a falta de emprego, ou seja, o desemprego que se observa no país justifica o crescente número de jovens envolvidos na atividade informal, mais concretamente na venda ambulante em Luanda, principalmente como vendedores ambulantes — os famosos zungueiros[10], como são vulgarmente chamados. É por essa razão que se sentiu a necessidade de conhecer as razões que estão na base da inserção desses jovens nesse tipo de trabalho. De modo particular, pensou-se que seria de interesse estudar as suas histórias de vida, com o intuito de captar, através dos seus depoimentos e relatos, as suas vivências e experiências quotidianas, bem como os significados que atribuem às atividades que realizam.

---

10. A palavra zungueiro é originária do kimbundo, uma das línguas nacionais mais faladas do mosaico linguístico angolano e significa andarilho, andante ou vagante.

Nesse sentido, entende-se ser importante valorizar as experiências vividas por esses jovens no contexto social, político, econômico, cultural e histórico em que estão inseridos — tal como afirma Pereira (2003) —, tendo em vista subsidiar políticas públicas que contribuam para um melhor equacionamento de suas ações e de suas possibilidades de melhoria de renda. Para que essas políticas se configurem como possibilidades de superação das diferentes situações vividas pelos jovens e atendam às suas aspirações, expectativas e perspectivas, é importante conhecer profundamente os principais destinatários. Partindo desse pressuposto é que se tece, no próximo capítulo, algumas reflexões sobre juventudes, trabalho informal e as diferentes expressões da questão social que, de alguma forma, explicam o envolvimento dos jovens nas atividades informais, que constitui a centralidade da obra.

CAPÍTULO II

REFLEXÕES SOBRE JUVENTUDES E TRABALHO INFORMAL
uma análise sobre diferentes significados

2.1 Juventudes: uma busca de significados na literatura

Historicamente, os primeiros estudos nas Ciências Sociais sobre os jovens datam dos anos de 1920 e concentram as suas abordagens em fenômenos como infração e marginalização. Nesse sentido, a referência ao jovem é feita na perspectiva de problema e, ao mesmo tempo, atribuindo-lhe responsabilidades nos desvios da ordem social estabelecida em determinada sociedade. Somente após a Segunda Guerra Mundial é que se observam novos olhares sobre os jovens, que passam a ser vistos, nos aportes teóricos da sociologia da juventude, como sinônimos de mudança social (Neto, 2009, p. 2).

Tais mudanças, que se verificam em relação à visão da juventude, devem-se, em parte, aos estudos e reflexões que cresceram nas últimas décadas, ou seja, desde o final do século XX, principalmente nas Ciências Sociais, realizados por antropólogos, psicólogos, sociólogos, psiquiatras, educadores e assistentes sociais, trazendo a complexidade e a diversidade das realidades sociais em que vivem os jovens nos diferentes continentes do planeta.

Desde a segunda metade do século XX, de maneira geral, os estudos apontam que os jovens são influenciados por forças contraditórias, por exemplo, ao mesmo tempo que desenvolvem críticas à chamada sociedade de consumo, desenvolvem comportamentos de adesão. Tais descobertas fizeram aumentar o crescimento e interesse pela juventude, no mundo acadêmico, visando sobretudo "descobrir o que existe por trás da rebeldia, das transgressões e dos movimentos culturais e sociais dos jovens" (Pereira, 2009, p. 2).

Nessa perspectiva, a juventude é tratada como um segmento populacional bem definido, suposto como universal. No entanto, os limites etários e as características de cada uma das "idades da vida" são produtos históricos, que resultam de dinâmicas sociais mutantes e de constantes (re)invenções culturais.

Nas últimas décadas, mais precisamente a partir dos anos de 1990 e 2000, a categoria juventude ganhou destaque por parte do Estado e de diferentes setores da vida social e da acadêmica. Cresceram os estudos e os debates a respeito desse segmento da população, contribuindo, dessa forma, para outro olhar, no qual o jovem é visto como sujeito de direitos e construtor de uma nova sociedade, cujos fundamentos assentam na liberdade, na cidadania e na justiça social. Tal contexto fica evidente na afirmação de Freitas (2005), segundo a qual,

> os jovens por muito tempo ficaram fora do escopo da preocupação social pelo menos até meados dos anos 90, altura em que se observa uma certa atenção ao tema com novas produções, principalmente relacionado aos problemas vividos ou apresentados pelos jovens, particularmente aqueles referentes às dificuldades de inserção e integração social numa conjuntura marcada pela extensão dos fenômenos de exclusão decorrentes da crise do trabalho, e do aumento da violência resultando em profundas dificuldades destes em estruturarem seus projetos de vida (p. 8).

Esse crescimento quanto à preocupação por estudos sobre juventude surge também como norteador para a elaboração e implementação de políticas públicas voltadas para o referido segmento populacional. Por exemplo, no contexto angolano, essa preocupação, que outrora praticamente inexistia, hoje, está presente na sua Constituição, aprovada em fevereiro de 2010 que, no seu artigo 81, determina "proteção especial para efetivação dos seus direitos econômicos e culturais" (Cra, 2010, p. 28). Nesse mesmo documento, é referido que "a política de juventude deve ter como objetivos prioritários o desenvolvimento da personalidade dos jovens, a criação de condições para a sua efetiva integração na vida ativa, o gosto pela criação livre e o sentido de serviço à comunidade" (Idem, p. 29).

Todo esse processo de mudanças ilustra que o significado de juventude varia historicamente de um contexto para outro, tendo em conta as determinações culturais, sociais, políticas, econômicas, assim como os aportes e perspectivas teóricas que norteiam a formação social concreta de cada país. Dito de outra forma, o conceito de juventudes é construído no contexto de determinadas situações econômicas, sociais, políticas e culturais. Tal realidade mostra o fato de que, em cada tempo e lugar, diferentes grupos e sociedades definem o que é "ser jovem" e o que esperar de suas juventudes. Nesse sentido é que Abramo (1994, p. 1) afirma que:

> [...] a noção de juventude é socialmente variável. A definição do tempo de duração, dos conteúdos e significados sociais desses processos se modificam de sociedade para sociedade e, na mesma sociedade, ao longo do tempo e através de suas divisões internas. Além disso, é somente em algumas formações sociais que a juventude configura-se como um período destacado, ou seja, aparece como uma categoria com visibilidade social.

Partindo dessa perspectiva, o significado de juventude também vai variar de um autor para outro, tendo em conta os seus interesses e a base teórica ou ideológica que orienta as suas reflexões ou análises e a conjuntura na qual seus estudos são realizados. Portanto, ao tratar de juventude, referem-se a um conceito construído em uma sociedade na qual as pessoas têm diferentes formas de pensar, sentir e agir, sob a influência de múltiplos agentes socializadores e de determinantes sociais específicos.

Nessa conformidade, juventude é um termo de significado complexo, que contém as múltiplas modalidades que levam a construir socialmente as condições relacionadas com essa faixa etária, tendo em conta não apenas a diferenciação social, a inserção na família e, em outras instituições, o gênero, o bairro e o pequeno grupo cultural, mas, também, como isso ocorre em determinado tempo histórico e localização geográfica.

Os estudos existentes na contemporaneidade tendem ainda a considerar a juventude sob duas perspectivas: como problema social, considerando a infração, a exclusão de setores como educação, saúde etc., como potencial trabalhador a ser preparado para o mercado de trabalho ou como catalisador de mudanças sociais, como aponta Souza (2008, p. 4), segundo a qual:

> Existem duas imagens dominantes que a sociedade constrói sobre os seus sujeitos jovens: a primeira refere-se ao entendimento do jovem como uma ameaça à estabilidade social, ou um problema social, sobretudo quando se pensa naqueles em situação de exclusão e a segunda refere-se ao entendimento do jovem como um sujeito catalisador da mudança social, a partir da figura do estudante.

Nessa perspectiva, a juventude é percebida como uma etapa da vida intermediária entre infância, adolescência e o mundo adulto. Entretanto, é, ao mesmo tempo, uma construção social e histórica com aportes eminentemente modernos.

Os jovens precisam, nos diferentes espaços, tempos e setores da vida social, experimentarem enquanto criativos, críticos e transformadores sociais. Isso significa que precisam ser tratados como sujeitos e não como objetos, como são geralmente vistos — uma realidade ainda muito visível no contexto angolano.

Nessa perspectiva é que Damasceno (2008) entende que, apesar dos limites impostos pela socialização oriunda do mundo sistêmico, o jovem constitui de fato um ator social, que, no seu quotidiano, não apenas reelabora os saberes adquiridos nas práticas escolar e social, mas também contribui para a construção da sociedade, tendo em vista que busca a mudança social. Essa busca é expressa por meio da crítica, da contestação, da transgressão, mas também da criação e, sobretudo, da vivência de novos padrões democráticos.

Ainda na visão do autor, o quotidiano dos jovens das camadas populares é marcado pela inserção incompleta, o que faz com que os jovens e suas famílias empenhem parcela ponderável de suas forças e de suas energias na tentativa de superar a situação de exclusão a que são submetidos via estudo (Damasceno, 2008), como se pode observar na reflexão de Novaes (2007, p. 7), ao afirmar que,

> Ser jovem é viver uma contraditória convivência entre a subordinação à família e a sociedade, ao mesmo tempo, grandes expectativas de emancipação. Para a juventude acena-se com uma espécie de "moratória social". Isto é, a juventude é vista como etapa de preparação, em que os indivíduos processam sua inserção nas diversas dimensões da vida social, a saber: responsabilidade com família própria, inserção no mundo de trabalho, exercício pleno de direitos e deveres de cidadania.

Abramo (1994) afirma que a noção mais usual do termo juventude refere-se a uma faixa de idade, a um período da vida, do desenvolvimento físico do indivíduo, em que uma série de mudanças psicológicas e sociais ocorre: é quando este abandona a infância, para processar a sua entrada no mundo adulto. Em sua análise, a autora ressalta que tal realidade é um privilégio apenas de alguns grupos sociais, uma vez que, para as classes sociais menos favorecidas, essa passagem para o mundo adulto, muitas vezes, ocorre ainda na idade considerada infantil.

Historicamente, na concepção das sociedades clássicas, greco-
-romanas, a juventude referia-se a uma idade compreendida entre
os 22 e os 40 anos — a idade do *jeune*, cujo significado etimológico
é "aquele que está em plena força de idade" (Novaes e Vital, 2005,
p. 111). Na sociedade contemporânea, não há consenso em torno dos
exatos limites de idade que deve vigorar para se definir quem é jovem.

Internacionalmente, o parâmetro usado é o definido pela Organização das Nações Unidas (ONU): a faixa etária dos 15 aos 24 anos. Esse parâmetro foi estabelecido em 1985 — ano internacional da juventude — pela Assembleia Geral das Nações Unidas. Esse mesmo parâmetro foi adotado pela Organização Internacional do Trabalho (OIT), mas, no conjunto de países a ela filiados, alguns deles antecipam ou prolongam essa faixa etária.

Particularmente em Angola, a juventude, na perspectiva de responsabilidade social, começa aos 18 anos — faixa etária em que o indivíduo pode contrair matrimônio e ingressar no mundo do trabalho. A responsabilidade jurídica dá-se aos 16 anos, quando o indivíduo já pode responder juridicamente por seus atos. De acordo com a Política de Estado para Juventude, a faixa etária da juventude em Angola é estabelecida entre os 15 e os 35 anos. O ingresso na função pública, no país, pode ocorrer na faixa dos 18 aos 35 anos.

Segundo Groppo (2000), esse critério etário expresso anteriormente — e que delimita a juventude de acordo com faixas de idade — está sempre presente, expresso ou subjacente, como base prévia de uma definição de juventude. Para o autor, as definições de juventude passeiam por dois critérios principais, que nunca se conciliam realmente: o critério etário (herdeiro das primeiras definições fisiopsicológicas) e o critério sociocultural. Na verdade, são as duas tendências pelas quais a sociologia da juventude tem oscilado como bem afirma Pais (2003, p. 29).

> Numa delas, a juventude é tomada como um conjunto social cujo principal atributo é o de ser constituído por indivíduos pertencentes a uma dada "fase da vida", prevalecendo a busca dos aspectos mais

uniformes e homogêneos que caracterizariam essa fase de vida — aspectos que fariam parte de uma "cultura juvenil", específica, portanto, de uma geração definida em termos etários. Noutra tendência, contudo, a juventude é tomada como um conjunto social necessariamente diversificado, perfilando-se diferentes culturas juvenis em função de diferentes pertenças de classe, diferentes situações socioeconômicas, diferentes oportunidades ocupacionais, etc. Isto é, nessa tendência, a juventude é tomada como um conjunto social cujo principal atributo é o de ser constituído por jovens em diferentes situações sociais. Nesse outro sentido, seria um abuso de linguagem, como refere Bourdieu, subsumir sob o mesmo conceito de juventude universos sociais que não têm entre si praticamente nada de comum.

Por outro lado, Soares (2010) ressalta que há um padrão dominante para tratar a juventude como uma etapa de transição para a vida adulta. Nessa juventude, os comportamentos esperados seriam: estar na escola, ter uma inserção inicial instável no mercado de trabalho e, em seguida, buscar uma inserção mais estável, constituindo, por fim, sua própria família.

Abramo (2005), tratando desse tema, aponta que a origem da construção do conceito de juventude está na emergência da sociedade ocidental industrial, na qual é uma etapa concebida como dedicada à preparação dos indivíduos por meio de instituições especializadas, para o ingresso no sistema produtivo. Segundo a autora, a sociologia trabalha com três noções gerais de juventude que são: a noção de transitoriedade, na qual a juventude antecede a vida social plena; a noção de projeto — "a etapa juvenil como estágio de preparação para uma vida posterior socialmente plena"; e a noção de crise e ruptura — a juventude como momento de crise e de ruptura com o que é socialmente estabelecido.

As manifestações ocorridas em Angola, assim como as que se sucederam no norte de África — em países como Egito, Tunísia, Líbia —, foram encabeçadas majoritariamente por jovens que arrastaram outras forças políticas e gente mais velha. O caso do "Brigadeiro

Mata Frakus¹" dos Revus² e outros novos líderes juvenis são exemplos concretos da crise e ruptura com a ordem social estabelecida — como aponta a autora —, o que demonstra, de certa forma, o papel catalisador das juventudes nas mudanças sociais na contemporaneidade.

Nesse mesmo sentido, Dayrell (2003, p. 42), apoiando-se em Melucci, afirma que "há juventude quando fisicamente se adquire a capacidade de procriação, quando a pessoa dá sinais de ter necessidade de menos proteção por parte da família, quando começa a assumir responsabilidades, a buscar a independência e a dar provas de autossuficiência, dentre outros sinais corporais e psicológicos".

Trata-se, de fato, de uma categoria em permanente construção social e histórica, incorporando a complexidade da vida em suas dimensões biológicas, sociais, psíquicas, culturais, políticas, econômicas, as quais organizam as múltiplas maneiras de viver a condição juvenil (Ribeiro, 2005).

Para Groppo (2000), a juventude é uma categoria social que passou por várias metamorfoses na história da modernidade. Muitas vezes, essa categoria foi usada apenas para classificar indivíduos, determinar comportamentos e definir direitos e deveres, possibilitando que esta opere tanto no âmbito do imaginário social quanto como um dos elementos estruturais das redes de sociabilidade.

Ainda na visão do autor, a juventude é, também, uma representação e uma situação social simbolizada e vivida com muita diversidade na realidade quotidiana, devido à sua combinação com outras situações sociais — como a de classe ou estrato social. Para ele, os jovens pertencentes a uma classe social ou etnia marginalizada podem criar uma

---

1. Trata-se do jovem *rapper* Luaty Beirão, integrante dos Batida e Conjunto Ngonguenha, um dos manifestantes presos na madrugada do dia 7 de março de 2011, na Praça 1º de Maio, também conhecida como Praça da Independência, numa manifestação antigovernista.

2. Trata-se de um termo introduzido no dicionário sociopolítico angolano nos últimos tempos para adjetivar cidadãos pela sua postura política. É um grupo de jovens ativistas autoproclamados de revolucionários e que foram condenados pela justiça acusados de atos preparatórios de rebelião e de associação de malfeitores. O mesmo grupo também é conhecido por 15+2.

identidade juvenil calcada no reconhecimento e até na explicitação de sua diferença. Por isso, subestimar o jovem significa não compreender o real papel da juventude nas condições postas pelas transformações sociais. Significa também destituí-lo do papel de sujeito e protagonista concreto da história de vida que deseja construir.

Neto (2009) afirma que é imperativo ressaltar que a juventude é vista sob diferentes olhares e interpretações que variam, desde a perspectiva do jovem como futuro do país, até a juventude como fase de problemas e de rebeldia. Acrescenta, o autor, que a juventude é uma concepção, uma representação ou criação simbólica, fabricada pelos grupos sociais ou pelos próprios jovens, para significar uma série de comportamentos e atitudes a eles atribuída. Ao mesmo tempo, é uma situação vivida em comum. Diante disso, não se tem como conceituar o que é "jovem" ou como pensar a "juventude" como algo único e igual para todos.

Em relação ao jovem como problema social, Abramo (1997, p. 29) diz que é apenas nessa perspectiva que a juventude é abordada por muitos autores.

> [...] a juventude só se torna objeto de atenção enquanto representa uma ameaça de ruptura com a continuidade social: ameaça para si própria ou para a sociedade. Seja porque o indivíduo jovem se desvia do seu caminho em direção à integração social — por problemas localizados no próprio indivíduo ou nas instituições encarregadas de sua socialização ou ainda por anomalia do próprio sistema social —, seja porque um grupo ou movimento juvenil propõe ou produz transformações na ordem social ou ainda porque uma geração ameace romper com a transmissão da herança cultural.

Tal realidade fica evidente quando se analisa o contexto angolano, em que a atenção com a juventude só se tornou visível nos últimos anos, com ações de prevenção — muitas delas paliativas — devido ao aumento do número de jovens envolvidos em atos ou ações de infração, do uso excessivo de bebidas alcoólicas e drogas. Muitas dessas situações são vistas como culpa da família, que não soube educar os seus membros. No entanto, percebe-se que, na verdade, "a rebeldia é um problema gerado na sociedade, e se o jovem não o for, a sociedade o destrói" (Damasceno, 2008, p. 5).

Todos esses problemas anteriormente referenciados ganham evidência quando estampados nas primeiras páginas de jornais e noticiários, associando muitas vezes os jovens às temáticas ligadas aos problemas sociais — rebeldia, violência, drogas e crimes — sem se preocupar em focar o modo como os próprios jovens vivem e elaboram tais situações, o que os ajudaria a deixar de ser atores invisíveis no contexto em que estão inseridos.

O fato é que realmente a noção de juventude impõe-se como uma categoria histórica e social, no momento em que se afirma como produto histórico, ou seja, como uma categoria social sobre a qual se reflete, de modo particular, a crise do sistema. Um sistema que, ao impor a esse segmento da população a lógica da subalternidade nas relações sociais, coloca-o em posição inferior à de adulto, e lhe dá a perspectiva de que só será respeitado quando for capaz de gerir o seu próprio sustento. Essa ideologia determina, em certa medida, a lógica produtiva, que se expressa para além da sua relação com a produção: na família, na política e na sociedade como um todo.

É recorrente que diversas imagens estejam associadas ao imaginário de um "ser" jovem. Essas variam entre potência criativa, rebeldia, transgressão, inconformismo, aventura e beleza, até a indolência para o trabalho ou o fato de ser um potencial desviante. Essas construções são acomodadas ou acionadas segundo a adesão ou o distanciamento dos jovens em relação aos papéis sociais que lhes são delegados nos arranjos familiares, tais como: trabalho, estudo e/ou cuidado dos afazeres domésticos. Tais arranjos familiares são estabelecidos de acordo com as condições de vida, valores culturais e expectativas dos grupos socioeconômicos aos quais pertencem.

De maneira geral, os jovens são vistos socialmente associados à ameaça social, à criminalidade, à infração, como se o ser jovem implicasse, de forma potencializada e direta, o desvio e a transgressão criminosa, cujos desdobramentos são capazes de colocar em risco tanto a sua própria integridade física e moral quanto a de toda a sociedade. Essa visão vem crescendo, a partir da década de 1990, devido ao aumento da violência na qual os jovens são as maiores vítimas e os algozes. Uma tendência que ganha corpo a cada ano que passa é a de um pensamento cuja tendência é apreendê-los "como se eles não tivessem sido gerados e criados pela própria sociedade que os critica e os condena" (Lehmann, 2007, p. 99).

Há uma tendência quase que milenar de associar juventude e violência, evidenciando o apontado anteriormente. Diante do exposto é que se concorda com Trassi e Malvasi (2010) quando indicam a necessidade da desconstrução dessa percepção, pois trata-se de uma associação que "compõe um conjunto de falsas afirmações sobre os enormes desafios que a humanidade encontra em sua fase atual de desenvolvimento" (p. 16). Essa desconstrução de concepções cristalizadas e preconceituosas podem, de certa forma, auxiliar na construção de uma nova leitura das expressões dos jovens no mundo, de modo particular, na definição de novas práticas sociais com a juventude.

Ainda nessa perspectiva, um artigo publicado pela Conferência dos Religiosos do Brasil (CRB) intitulado o *Mito*[3] *do Jovem Violento*, aponta que essa imagem de jovem violento foi criada em razão da incapacidade da sociedade de entender e ajudar o jovem em seu desenvolvimento. Essa imagem impossibilita ao jovem de ter espaço e vez na sociedade, pois sendo um "problema" será por ela combatido e marginalizado.

O artigo ressalta que essa relação entre juventude e violência normalmente é percebida como produto de dinâmicas sociais pautadas por desigualdades de oportunidade, segregação, inserção deficitária na educação e no mercado de trabalho, ausência de oportunidades

---

3. Mito, segundo o dicionário Aurélio, é uma narrativa de significado simbólico, uma representação exagerada pela imaginação popular e pela tradição que é capaz de aprisionar uma realidade a partir de um estereótipo.

de lazer e de formação ética e cultural, relacionada a valores de solidariedade e de cultura de paz. Nessa perspectiva, a relação juventude/violência é resultado de uma sociedade globalizada e capitalista em que as pessoas valem pelo que têm em detrimento do que são realmente.

É recorrente também relacionar a juventude de hoje com passividade, em relação aos problemas que envolvem a realidade em que está inserida. A verdade é que essa falta ou fraca participação social e política da juventude no atual momento histórico do país deve-se à incapacidade de o sistema social vigente considerar efetivamente os jovens como sujeitos capazes de participar dos processos de definições, invenções e negociações de seus direitos (Abramo, 1997). Em Angola, tal realidade deve-se ao fato de que, ao longo da sua história, não foram criados espaços efetivos de participação dos jovens na vida política, social, entre outros.

A instabilidade do mundo do trabalho, de relacionamentos e mudanças no campo da educação — que agora pode ser buscada em várias etapas da vida — faz com que os elementos constituintes do que é 'ser jovem' sejam transitórios e/ou sujeitos a alterações. A disputa cada vez mais intensa por espaço no mercado do trabalho tem provocado mudanças nessas visões do 'ser jovem' e intensificado o debate sobre o lugar e o papel dessa população na vida dos países (Soares, 2010, p. 24).

Também entende-se que, ao nos apoiarmos na ótica da diversidade, possa-se considerar que as diferenciações oriundas de meios sociais, étnicos e de gênero, fazem com que a apreensão do 'ser jovem' não se reduza à análise de uma única juventude. Ainda, de acordo com Margulis e Urresti (1998), a juventude é mais do que uma palavra: trata-se de fato de uma vanguarda portadora de transformações evidentes ou imperceptíveis nos códigos culturais. Para esses autores, a juventude incorpora com naturalidade as mudanças nos costumes e nos significados que foram objeto de luta para as gerações anteriores. A sua sensibilidade, o sistema perceptivo, a visão das coisas, as atitudes frente ao mundo, o sentido estético, a concepção de tempo, valor, velocidade, indicam que estão habitando com comodidade um mundo que nos vai deixando para trás.

Nesse sentido, ao longo dos tempos, a juventude vem conquistando um *status* de produtora de gostos e costumes, o que lhe confere um poder hegemônico antes inimaginável. Ser jovem já não é privilégio de uma faixa etária socialmente construída, mas um projeto de vida que se estende para além dos vinte e poucos anos, considerando que o público-alvo, se adulto, baseia seus desejos e tende a estabelecer suas decisões de compra a partir de um processo aspiracional em que a juventude é o modelo (Pereira, 2009).

Dentre os esforços e investimentos empreendidos, na modernidade, em torno da valorização dos jovens, está a importância da publicidade que, segundo Pereira (2009), é um espelho de nossos valores e práticas sociais, na medida em que desvela os seus sentidos por meio de anúncios, filmes e outras ações publicitárias. Através dessas ações, pode-se compreender como a sociedade entende a juventude e identifica a partir de que premissas essa juventude passa a se autorreferenciar.

Essa perspectiva está sintonizada com a ideologia capitalista que permeia a sociedade contemporânea, baseada no consumismo e no individualismo. Essa ideologia, de certa forma, contribui para que hoje exista um número maior de jovens valorizando o consumismo. Em conformidade com essa ideia é que "as propagandas publicitárias apresentam como público-alvo o jovem e o transformam em uma máquina consumista, individualista, cuja principal função está centrada no ter, estar na moda" (Miranda & Pacchioni, 2005, p. 178).

Tal situação, segundo as autoras, faz com que muitos jovens suportem situações menos humanas no intuito de satisfazer sua necessidade de consumir o que os outros estão consumindo, principalmente porque, algumas vezes, dependem disso para serem aceites nos grupos de amigos em que estão inseridos.

Dentre os requisitos para compreender esse processo de aceitação, estão as qualidades atribuídas pelo grupo ao termo "modernidade", como o interesse pela novidade, extravagância, irreverência, espontaneidade, ousadia, rebeldia, exclusividade, diferença (Groppo, 2000, p. 29). Pode-se afirmar, partilhando da visão do autor, que esse processo é resultado do novo ciclo de integração das juventudes promovida pelas ações das indústrias culturais, do marketing e do mercado de consumo juvenil, vigente a partir dos anos 1970 (Groppo, 2004).

De fato, há distintas maneiras tanto de ser jovem como de analisar a juventude. Há uma intensa heterogeneidade, que se observa nos planos econômico, social e cultural, pois não existe uma única juventude. Em cidades modernas, como Luanda, as juventudes são múltiplas, variam em relação às características de classe, de lugar onde vivem e de geração a que pertencem. A diversidade, o pluralismo e o estado cultural dos últimos anos se manifestam privilegiadamente entre os jovens, ao oferecerem um panorama variado e móvel, que abarca seus comportamentos, suas referências identitárias, linguagens e formas de sociabilidade, como bem afirma Groppo (2000, p. 15-16), para quem,

> A juventude como categoria social não apenas passou por várias metamorfoses na história da modernidade. Também é uma representação e uma situação social simbolizada e vivida com muita diversidade na realidade cotidiana, devido à sua combinação com outras situações sociais — como a de classe social ou estrato social —, e devido também às diferenças culturais, nacionais e de localidade, bem como às distinções de etnia e de gênero. [...] A juventude também é vivida diferentemente em cada um dos gêneros, mesmo quando se trata de indivíduos de uma mesma classe ou estrato social, do mesmo ambiente urbano ou rural, etnia, etc.

Ainda, segundo Esteves e Abramovay (2007):

> Existem muitos e diversos grupos juvenis, com características particulares e específicas, que sofrem influências multiculturais e que, de certa forma, são globalizados. Portanto, não há uma cultura unitária,

um bloco monolítico, homogêneo, senão culturas juvenis, com pontos convergentes e divergentes, com pensamentos e ações comuns, mas que, muitas vezes, são completamente contraditórias entre si.

Tal verdade tem-se evidenciado nos estudos realizados na atualidade, tanto na sua perspectiva histórica como em sua análise sociológica, e são resultado, como diria Marx (1983, p. 49), da "grande heterogeneidade social e cultural do cotidiano de toda sociedade moderna". Partindo dessa visão analítica é que Groppo (2000, p. 15) "sugere o uso sociológico no plural do termo juventude, para que possa dar conta da diversidade na vivência desta fase de transição à maturidade, ou de socialização secundária, denominada juventude. Ainda na visão de Groppo (2000, p. 15),

> Esta concepção alerta-nos sobre a existência, na realidade dos grupos sociais concretos, de uma pluralidade de juventudes: de cada recorte sociocultural — classe social, estrato, etnia, religião, mundo urbano ou rural, gênero, etc. — saltam subcategorias de indivíduos jovens, com características, símbolos, comportamentos, subculturas e sentimentos próprios. Cada juventude pode reinterpretar à sua maneira o que é "ser jovem", contrastando-se não apenas em relação às crianças e adultos, mas também em relação a outras juventudes.

É por essa perspectiva conceitual, que concebe o termo no plural — "juventudes" —, que se optou nesta obra. A adoção de tal perspectiva significa que, embora a simples utilização dessa expressão não garanta, por si só, a percepção da complexidade das realidades humanas vividas pelos jovens, denota certo cuidado com as generalizações que simplificam ao unificar o diverso e o desigual.

Construir uma noção na perspectiva da diversidade implica, em primeiro lugar, considerá-la não mais presa a critérios rígidos, mas relacionada à totalidade, o que lhe dá contornos específicos no conjunto das experiências vivenciadas pelos indivíduos no seu contexto social. Por outro lado, é importante apontar que essa diversidade é encontrada no quotidiano dos jovens, nas atividades que realizam, nas relações que mantêm com os seus pares, na sua rede de sociabilidade, onde recriam espaços e tempos.

No espaço concreto de Angola, tem-se "juventudes", cada uma expressando uma realidade em termos de cultura, de visão de mundo, de escolhas ou de grupo social. Os jovens vendedores ambulantes, que foram sujeitos da pesquisa que fundamenta a presente obra, configuram um grupo de pessoas com histórias e trajetórias próprias[4], diferenciadas dos demais grupos existentes, seja em Luanda, seja no país como um todo.

Na verdade, essas diversas juventudes vivenciam contradições da realidade social e as interpretam ao seu modo, de forma subjetiva, mas também com base nas suas experiências de vida material.

Cada vez mais, o mundo dos jovens, na nossa realidade, se mostra heterogêneo, complexo e em permanente mudança. Os jovens são possuidores de saberes, de lógicas, de ética, de estéticas e de sensibilidades próprias e diversas, condicionadas por razões de classe, gênero, procedências regional e étnica. As suas culturas são construídas em permanente tensão com o universo, de sentido proposto pelo sistema dominante. Assumem às vezes atitudes de resistência e de defesa, outras, de fraca oposição, como alternativas de vida pessoal, ou como propostas de uma nova sociedade.

De fato, os jovens angolanos vivem, na contemporaneidade, uma época de profundas transformações de cunhos econômico, moral, social, político e cultural que, de certa forma, afeta de algum modo a sua transição para a idade adulta.

A maioria dos jovens angolanos não teve direito à infância, pois assumiram responsabilidades de adultos muito cedo. Associando-se a

---

4. Entende-se trajetória como sendo uma sequência de experiências vividas, suas circunstâncias e desdobramentos. Neste estudo, essa trajetória tem como eixo as atividades informais realizadas pelos jovens. Normalmente, a trajetória é determinada pela frequência dos acontecimentos, pela duração e localização dessas vivências ao longo da vida. Em algumas circunstâncias, as trajetórias de vida expressam as experiências políticas, vivências familiares e situações de carreira profissional de cada um.

isso, não tiveram acesso a atividades culturais e de lazer que pudessem contribuir para a qualificação do seu repertório sociocultural. Uma realidade ainda muito presente ou prevalecente no contexto atual do país é a que mostra restrições quanto às oportunidades de lazer.

Por outro lado, a maioria dos bairros dispõe de reduzidos espaços de divertimento e sociabilidade. Mesmo nas províncias, que são privilegiadas com tais equipamentos sociais e culturais, observa-se a desigualdade na distribuição desses equipamentos entre as diversas áreas da cidade, por exemplo, nos musseques[5] de Luanda, esses equipamentos são quase inexistentes.

Essa questão importa, principalmente, por saber-se, como bem afirma Abramovay (2002) que, no desempenho desse tipo de atividades, os jovens podem internalizar valores, fazer e externar as suas escolhas — reforçando sua autoestima e protagonismo — dar vazão a sentimentos de frustração e protesto e construir laços de solidariedade e cooperação com os outros. Na perspectiva dessa autora, tais atividades são poderosos canais de expressão e afirmação positiva da identidade e, por essa razão, constituem fortes contrapontos à violência, à infração e a outros vícios, que, todos os anos, destroem e corroem as nossas juventudes, nas quais se incluem as juventudes angolanas.

A exemplo de outros jovens, as juventudes angolanas também estão entre os mais atingidos, diretamente, pelo impacto de todas as transformações sociais, econômicas, culturais, tecnológicas e políticas, ocorridas no mundo, de modo geral, e na sociedade angolana, em particular. Como heranças dessas transformações, sobretudo fruto do capitalismo contemporâneo, tem-se a diminuição do emprego formal, o desencadeamento de um processo de exclusão que leva jovens, crianças e mulheres ao mercado de trabalho informal, o aprofundamento dos processos de pobreza e a ampliação das desigualdades sociais.

Essa também é uma sociedade de consumo que exacerba o desejo de ter, de alguns, principalmente entre a camada juvenil, cujas

---

5. Musseques equivalem a favelas.

consequências são evidentes numa sociedade em que o acesso a bens depende do acesso ao trabalho. Tais repercussões advindas do capitalismo contemporâneo se aliam à incapacidade do Estado de assegurar a realização de direitos mínimos, numa sociedade marcada pela existência de privilégios, pela supervalorização do ter em detrimento do ser.

Entre os maiores impactos das transformações sociais na juventude, está o desemprego, que resulta de fatores relacionados com a organização política e social do mundo em que se vive, sendo o desemprego estrutural e a precariedade do trabalho as suas consequências diretas e, particularmente em Angola, a introdução de novos critérios de acesso ao emprego, que nem sempre estão ao seu alcance.

Por outro lado, Galdini e Berzin (2003) afirmam que a dificuldade em ingressar no mercado de trabalho não tem relação apenas com a qualificação ou a pouca qualificação do trabalhador, mas também com as restrições impostas pelas leis do capitalismo e pelas transformações do mundo do trabalho. De qualquer maneira, o acesso do jovem luandense ao mercado formal é difícil, o que torna importante ressaltar que o desemprego é um determinante do envolvimento dos jovens em trabalhos informais como alternativa para a sua sobrevivência.

Atendendo a essa situação de precariedade e dificuldades que os jovens angolanos enfrentam no seu quotidiano — uma vez que as estruturas governamentais pouco podem fazer diante das necessidades desse segmento da população —, eles incorporam-se em diferentes atividades do mercado informal de trabalho, seja como engraxadores[6], lavadores de carros, transportadores de mercadorias, chamadores[7] e cobradores de táxis (os vulgos candongueiros), revendedores de diversos produtos, em busca da própria sobrevivência.

---

6. Denominação atribuída aos jovens que se dedicam ao engraxamento de sapatos, tida também como uma das estratégias ou atividade de sobrevivência da maioria deles em Luanda. No Brasil, os engraxates.

7. Nome atribuído ao lotadores de vans que no contexto angolano são denominados de candongueiros ou táxis.

Acrescentam-se à realidade das juventudes angolanas — sobretudo no contexto urbano — os problemas da infração, criminalidade, consumo excessivo de bebidas alcoólicas, tabagismo, prostituição e droga, que cada vez mais ganham contornos alarmantes. Pode-se afirmar que a situação da juventude angolana caracteriza-se por um elevado índice de desemprego, falta de habitação, inexistência de mecanismos práticos de concessão de créditos, fraco acesso ao ensino, falta de infraestruturas juvenis capazes de promover os direitos e deveres da juventude consagrados constitucionalmente.

Tal realidade é uma clara demonstração de que, infelizmente, as políticas direcionadas a esse segmento da população são determinadas sem a reflexão a respeito das peculiaridades ou particularidades desses sujeitos, o que acarreta a exclusão de muitos que estão ainda sob a condição juvenil. Por isso, entende-se que é importante pensar-se em políticas sociais públicas específicas para os problemas das juventudes, levando em consideração os espaços geográficos e a valorização do meio em que estão inseridos, seja o rural, seja o urbano.

Historicamente, Angola não possui tradição de investimentos em políticas públicas para os setores juvenis. Também não tem tido preocupação na formulação e implantação de políticas públicas, de realizar estudos diagnósticos que contemplem a diversidade e a heterogeneidade que caracterizam a condição juvenil do país. Por outras palavras, nota-se certa ausência de políticas públicas ou algumas linhas de políticas para os diferentes segmentos da juventude em áreas como trabalho, cultura, lazer, desporto, habitação, características que, de certa forma, fazem com que as necessidades, os problemas e as questões próprias dos diferentes segmentos da população jovem no país permaneçam, como diz Almeida (2000), em "estado de coisas".

Ainda segundo o autor, quando há iniciativas do gênero que, pelo menos, concorrem para esse propósito "em geral, são fragmentadas e, muitas vezes, padecem de comunicação na própria esfera governamental, exprimindo o isolamento intersetorial" (Idem, 2000, p. 49). Diante desse cenário, concorda-se com o autor quanto à responsabilidade dos adultos para atenuar as inúmeras situações vivenciadas pelos jovens que, de certa forma, se tornam um entrave para o pleno desenvolvimento. No seu entendimento,

> Às gerações adultas compete proteger os jovens do mundo, para que possam realizar seus processos de desenvolvimento individual, de inserção e integração social, e, simultaneamente, proteger o mundo das novas ondas de jovens que diariamente o invadem, de maneira que a vida social não se desintegre. Além disso, cabe aos adultos o esforço de desconstruir os estereótipos que são construídos sobre as novas gerações, ao mesmo tempo em que devem **oferecer-lhes modelos para que possam não só conservar e reproduzir a sociedade e suas instituições, mas também transformá-las** (grifo nosso). (Almeida, 2000, p. 49)

Assim sendo, as políticas sociais públicas têm por característica apontar caminhos no sentido de assegurar e ampliar continuamente os direitos de todos os segmentos da sociedade: homens, mulheres, crianças, jovens e adultos.

Entende-se por políticas públicas o conjunto de deliberações e práticas que visam equacionar problemas políticos de uma determinada ordenação social. Tais deliberações e ações que compõem uma política implicam atividades que se expressam por dispositivos formais e informais que objetivam, mediante relações de poder, visando equacionar conflitos, tensões ou crises quanto a bens públicos. Assim sendo, de um modo geral, as políticas públicas buscam superar problemas, entendidos como demandas da sociedade civil e que disputam politicamente a sua incorporação à agenda governamental (Almeida, 2000).

Na perspectiva do autor é importante que tais políticas tenham como fundamento básico dois princípios: primeiro, de que os desiguais sejam tratados diferentemente para que possam tornar-se livres e alcançar uma autonomia igual a todos; segundo, de que os jovens sejam sujeitos de direitos e ação, produtores de práticas múltiplas e distintas, em vários planos do agir, e, ainda, interlocutores válidos na definição da esfera pública e da própria política e seus desdobramentos.

Há uma crença segundo a qual as políticas públicas para os jovens só se caracterizarão como tais se refletirem as condições específicas das juventudes e advir de partes que realcem a capacidade e a participação política destes. Esse propósito não se reflete na realidade concreta de Angola, onde os jovens, por muitos anos, foram relegados à sua sorte, pois as ações que existem para os jovens são adequados a uma pequena parcela desse segmento populacional, a qual tem acesso ao processo decisório. Embora a realidade atualmente seja diferente da que se tinha anos atrás, ainda tem-se um longo caminho a percorrer para uma efetiva transformação ou mudança desta realidade.

Entretanto, a Política do Estado para a Juventude deve abarcar a realidade concreta das diferentes juventudes angolanas, incorporando seus saberes, expectativas e anseios. Isso porque "as diversas juventudes vivenciam contradições da realidade social e as interpretam ao seu modo de forma subjetiva, mas também com base em suas experiências de vida material" (Neto, 2009, p. 4).

Por outro lado, entende-se que os jovens, vistos como sujeitos de direitos e ativos, podem contribuir para a elaboração de políticas sociais públicas mais integradas, que respeitem a capacidade que eles têm de atuar de forma destacada na criação e difusão de um projeto de sociedade mais justa, fraterna e democrática.

Ressalta-se ser importante que tais políticas públicas garantam espaços e tempos para que os jovens possam se colocar de fato como sujeitos e cidadãos, com direito a viver plenamente a juventude, pois o que se percebe na atual conjuntura do país é que, na sua maioria, "as diversas juventudes carecem de políticas públicas que as incorporem como sujeitos e não como objetos" (Neto, 2009, p. 5).

Para que tais políticas se concretizem, é importante criar um espaço de participação dos próprios jovens em todo o seu processo de elaboração, desde a concepção, planejamento, execução, até a avaliação. Essa iniciativa implicaria mudanças nas relações de poder entre o Estado e a Sociedade Civil. Essa perspectiva é partilhada por Thompson (2005) ao afirmar que políticas públicas para a juventude devem ser implementadas com base nesse modelo participador, amparado tanto em sua capacidade de articular questões pertinentes às áreas públicas quanto em sua habilidade para legitimar e financiar movimentos juvenis e incentivar a democracia — tão necessária no nosso contexto angolano, voltada, sobretudo, para a valorização do jovem, dando-lhe "respeito, autonomia, estímulo à participação cidadã juvenil" (Dayrell, 2003, p. 51).

Na verdade, as juventudes angolanas do século XXI vivem num país marcado pelas contradições da democracia, que impossibilita a sua participação efetiva nos fóruns de decisão, — e onde o restabelecimento da normalidade democrática, via alcance da paz depois de décadas de guerra, não foi acompanhado de uma distribuição equitativa de renda e da superação das desigualdades sociais que tendem a acentuar-se cada vez mais. Tais juventudes, na sua maioria, vivem em contextos de desumanização, nos quais "o ser humano é 'proibido de ser', privado de desenvolver as suas potencialidades, de viver plenamente a sua condição humana" (Dayrell, 2003, p. 43).

Entende-se, portanto, que há necessidade de o Estado assumir com mais responsabilidade o investimento em mecanismos que promovam o fortalecimento do capital social e também cultural dos jovens, assim como a promoção de debates sobre o mundo do trabalho no interior das escolas, com profissionais de áreas distintas, inclusive os Assistentes Sociais. Proporcionar, por exemplo, o diálogo e a troca de experiências com os jovens vendedores ambulantes, proporcionando melhor conhecimento desse segmento da população, das suas experiências, problemas, dificuldades, anseios, expectativas em relação ao futuro.

Finalmente, é preciso ressaltar que várias vezes escutam-se nos discursos políticos frases como: "os jovens são a força motriz da sociedade", "homens e mulheres que com sangue novo nas veias vão mudar a sociedade", "pois são sonhadores, idealistas" ou, ainda, são a "esperança de um mundo melhor", de "uma Angola nova e melhor para as futuras gerações". "Juventude de hoje é o adulto de amanhã", "os jovens são o futuro de Angola", Angola é uma nação de jovens".

Essas palavras falam do futuro do país, mas de um futuro que nunca chega e que nunca chegará se continuar o estado de abandono em que se encontra esse segmento da população.

2.2 Reflexões sobre o trabalho informal: revisitando a literatura

A reflexão do trabalho informal, no qual se enquadra o comércio ambulante, torna-se necessária nesta obra para se entender as histórias e trajetórias de vida dos nossos sujeitos. Ressalta-se que essa modalidade de comércio se configura como sendo o espaço maior da atividade laboral dos jovens migrantes, em Luanda, segmento da sociedade em que mais recai o peso do desemprego e do trabalho precário. Trata-se de um comércio, inserido no que se determinou chamar, na realidade angolana, de comércio informal, entendido como sendo a:

> Prática de actos de comércio de carácter espontâneo, realizado em locais impróprios, nomeadamente na rua, de esquina, de frente aos estabelecimentos comerciais, nos mercados paralelos sem audiência a regras e normas técnico-judiciais, higio-sanitários, obrigações fiscais para com o Estado, estabelecidas pela Legislação Comercial e de Prestação de Serviços Mercantis, bem como o Código Comercial vigente. Contudo, na conjuntura actual, económico-financeiro e social que o país atravessa, o comércio informal não deixa de ser "um mal necessário" (Diário da República, 2000, p. 510).

Como se observa no exposto acima, trata-se de uma definição oficial do Estado angolano que, embora coloque o comércio informal — mais concretamente a venda ambulante —, na categoria da ilegalidade, acaba por reconhecer sua necessidade social. Essa mesma visão de ilegalidade do comércio informal é apontada por Lopes (2007, p. 36), ao defini-lo como "actividades comerciais realizadas total ou parcialmente à margem do quadro legislativo e regulamentar que enquadra o seu exercício no não cumprimento de diversas disposições legais".

No contexto angolano o comércio ambulante é regulamentado pelo Decreto executivo 48/2000, de 25 de abril, cuja definição consta no Decreto 29/2000 que o estabelece como uma das modalidades de exercício da atividade comercial. O referido decreto define o comércio ambulante como uma "actividade comercial a retalho exercida de forma não sedentária, por indivíduos que transportam mercadoria, quer através dos seus próprios meios, quer por veículos de tração animal e as vendem nos locais do seu trânsito, fora dos mercados urbanos e/ou municipais e em locais fixados pelas administrações municipais" (Diário da República, 2000, p. 510).

Diante da necessidade de analisar essa questão, partiu-se de perguntas relacionadas ao próprio sentido do trabalho como: O que é o trabalho? Qual é a sua importância, seu papel na vida das pessoas? Para responder a tais questões, começou-se por ressaltar que o trabalho tem duplo papel: suprir as necessidades básicas dos trabalhadores — como a alimentação, por exemplo, — e permitir que os indivíduos sejam vistos e percebam-se como dignos, honestos e merecedores de respeito (Martins, 2002).

O trabalho constitui uma categoria socialmente construída, com significados determinados e em diferentes contextos históricos. Na modernidade, apresenta-se como uma dimensão característica da ação humana, que se estabelece em sua relação com a natureza, modificando-a e, em simultâneo, modificando-se. O trabalho é, ao mesmo tempo, necessidade vital, obrigação social e dever moral, cuja contrapartida é o *status* social que confere e a satisfação pessoal que proporciona. O trabalho engloba uma dimensão instrumental — ganhar a vida — e, apesar de seu caráter penoso, comporta também forte dimensão expressiva: a de realizar-se social e pessoalmente.

Para muitos, o trabalho é visto como condição primordial para uma vida melhor, pois garante mais autonomia, principalmente financeira. Mesmo sendo um ganho pequeno, pode proporcionar o acesso a um mundo diferente de sociabilidade, ampliar horizontes e, muitas vezes, possibilitar a saída da dependência familiar. Há sempre no jovem, principalmente, a esperança de uma experiência que o qualifique para outro patamar de vida, diferenciado e mais elevado, em relação ao dos seus pais. Daí que a inexistência de trabalho representa uma dificuldade que contribui para aumentar a incerteza e a sensação de risco em suas vidas e trajetórias.

O trabalho é uma atividade útil e elemento fundante da sociabilidade humana, pois, como bem afirma Pastorini (2010, p. 36), "o processo de emancipação só pode ser do trabalho, no trabalho e pelo trabalho, uma vez que o trabalho enquanto expressão criadora é indispensável para a existência humana".

Porém, os intensos processos de transformação produtiva e de mudança social, que têm ocorrido nas sociedades contemporâneas, de alguma forma, contribuem para que muitos jovens da população economicamente ativa não usufruam dos benefícios advindos do acesso ao trabalho, bem como àqueles ligados ao trabalho formal: aposentadoria, auxílio-doença, licença-maternidade, citando apenas alguns. Esses jovens fazem parte da "população sobrante" — conforme a denominação de Castel (2004) —, que vem aumentando de número a cada ano, da qual fazem parte aquelas pessoas que se inserem no que é conhecido como trabalho informal, não reconhecido por lei em alguns contextos e realidades.

Entende-se por trabalho informal aquele caracterizado por suas condições precárias, baixa produtividade, marginalização em relação às políticas governamentais, escassa qualificação e ausência de vínculos de trabalho formalizado legalmente (Siede, 1994). O trabalho informal é fruto do aumento da desigualdade social, do desemprego e da pobreza: situações que, além de colocarem o indivíduo à margem da sociedade, o impulsionam a encontrar tais alternativas e estratégias para garantir a sua sobrevivência.

Segundo a Organização Internacional do Trabalho (2006, p. 10),

> A informalidade é principalmente uma questão de governança. A expansão da economia informal pode muitas vezes ser imputada a políticas

macroeconômicas e sociais inadequadas, ineficazes, mal planeadas, ou mal implementadas, em muitos casos formuladas sem consulta tripartide, e à falta de molduras legais e institucionais favoráveis e de boa governança para aplicação pertinente e efetiva das políticas e das leis.

Entretanto, concordar com essa visão é, no mínimo, uma atitude ingênua, desconectada da realidade, quando tal fato está intimamente ligado ao sistema capitalista, uma vez que, segundo Oliveira e Henrique (1990, p. 9), a "própria dinâmica da acumulação capitalista cria oportunidades para as pequenas atividades mercantis, às quais dedicam-se os trabalhadores informais". Partindo desta perspectiva é que Tavares (2004, p. 46) afirma que,

> Se o fim da produção capitalista é mais-valia porque o capital é irreformável na sua base causal; se a força de trabalho é a única mercadoria que quando consumida produz valor; e se o trabalho formal, estável em tempo integral, socialmente protegido está se tornando uma categoria do passado, o objetivo do processo de produção capitalista será alcançado através de outra forma de trabalho tendencialmente, o trabalho informal, submetido às mesmas leis econômicas que regem o sistema de assalariamento.

Vista dessa forma, a informalidade é um processo que está presente no funcionamento da sociedade. Trata-se de uma construção social, que surge num determinado momento histórico da sociedade, que identifica e delimita o sistema formal, permanecendo sempre latente o sistema informal, realizando ajustamentos sucessivos na evolução do sistema formal (Lopes, 2000, p. 4).

O trabalho informal é uma realidade em todo o mundo capitalista, inclusive nos países chamados de primeiro mundo. É resultante do próprio processo capitalista em curso, obedecendo aos distintos momentos históricos, ou seja, às particularidades históricas de cada formação econômica e social. Assume, na contemporaneidade, novas dimensões: as mudanças e as transformações apreendidas no processo produtivo capitalista — principalmente quanto à flexibilização e à desregulamentação do direito do trabalho — geraram o aumento do número de trabalhadores informais em todo o mundo capitalista, ou seja, houve um crescimento daqueles que não gozam mais de qualquer proteção da legislação trabalhista.

Existem várias denominações para se referir às pessoas que exercem esse tipo de trabalho. Entre essas denominações, destacam-se: setor informal, setor não organizado, economia oculta, economia subalterna, trabalho informal, economia informal. Por opção nossa, nesta obra usou-se as denominações 'trabalho informal' e 'informalidade'[8], quando se analisou a precariedade no campo do trabalho, ou seja, os limites do trabalho precário.

Pode-se dizer que o trabalho precário é uma realidade que afeta principalmente algumas camadas populacionais, como as mulheres, os migrantes e os trabalhadores jovens. É uma realidade que debilita o emprego permanente, impede que as famílias planejem seu futuro e amplia a diferença entre ricos e pobres. Apoiando-nos em Barbosa e Carvalho (2006), entende-se que o trabalho precário "ameaça a segurança no emprego, os salários e as condições de trabalho, a saúde e a segurança, o direito de unir-se a um sindicato, os direitos à segurança social, à proteção, ao emprego e às pensões" (p. 160).

Segundo Pastorini (2010), a precarização tornou-se um dos principais riscos na contemporaneidade, uma vez que alimenta, sem limites, a vulnerabilidade social, contribuindo, ao mesmo tempo, para a ampliação do processo de desfiliação. Ainda na visão do autor, "a precarização, a instabilidade e o desemprego estrutural, não são consequências naturais do desenvolvimento das sociedades modernas, mas resultados de uma opção política" (p. 74-75). O mesmo autor entende que a globalização, a reestruturação produtiva, o neoliberalismo, o

---

8. Nossa opção pelo termo 'trabalho informal' justifica-se por o considerar como o que mais se aproxima das situações dos nossos sujeitos e aos propósitos da presente obra. O trato da 'informalidade' relaciona-se a uma perspectiva mais ampla, que engloba tanto o setor informal como o setor formal, uma vez que em ambos existem acordos de trabalho que não passam necessariamente pelos trâmites legais.

desemprego não são processos naturais, mas produtos de uma opção política e econômica assumida pela maioria de nossos governantes, a partir da década de 1980.

Essa mesma perspectiva fica evidente em Tavares (2004) que, se referindo à produção industrial, dentro ou fora da fábrica, afirma que o trabalho continua produtivo, emergindo um novo tipo de exploração, por meio de relações informais em larga escala, tanto no âmbito da produção quanto no da circulação de mercadorias, sendo essas formas de trabalho precário partes constitutivas do processo de produção capitalista.

De fato, a simples rearrumação das formas de relações de trabalho não só não altera o conteúdo da ação do capital, como preserva e intensifica a exploração do trabalho. Nesse sentido é que a informalidade deve ser considerada uma arma do capital para auferir mais lucros e, ao mesmo tempo, provocar cisão política da classe trabalhadora. Isso porque, além de mascarar a real dimensão do desemprego, fragmenta a classe trabalhadora, opera o culto ao individualismo, desqualifica as organizações representativas do trabalho, fomenta a ordem ideológica dominante e distancia o horizonte revolucionário (Tavares, 2004).

Neste sentido é que o autor afirma ser a própria estrutura capitalista que imprime esse caráter, pelo qual se explica a expansão do trabalho informal e o modo como parte dele, mediada pelos processos de terceirização, se articula diretamente com o capital (Idem, 2002, p. 51). Trata-se de uma relação evidente, pois o capital necessita cada vez mais de diversificadas formas de trabalho parcial ou *part-time*, terceirizadas, que são, em escala crescente, parte constitutiva do processo de produção capitalista (Antunes, 1999, p. 119). Nessa perspectiva, é que autores como Singer e Pochmann (1996) apontam que o trabalho informal é um fenômeno estrutural do modo de produção capitalista.

Referindo-se concretamente ao trabalho informal, Tavares (2004) afirma que essas novas modalidades contemporâneas de trabalho têm significado precarização e mais degradação das condições de trabalho, em lugar de significarem alguma autonomia ou liberdade perante os ditames do capital. Há, na visão da autora, um enorme contingente de pessoas sem emprego que busca nas ocupações mais precárias um modo de garantir o sustento de suas famílias.

Assim sendo, a informalidade é tanto uma estratégia do capital para baratear os custos da força de trabalho, atingindo níveis mais competitivos de produção, como também é uma estratégia dos trabalhadores e de suas famílias, visando à obtenção de rendas mais elevadas, segundo as oportunidades oferecidas pelo mercado e, também, de acordo com as circunstâncias particulares do grupo familiar (Siede, 1994).

Lopes, apoiado em Laguerre (2000), diz que a gênese da informalidade dá-se em contextos diferenciados. Na sua lógica de raciocínio, historicamente, a informalidade precede a formalidade, ou seja, as práticas informais são anteriores às práticas formais; a formalidade nunca é absoluta, ou seja, mesmo nos processos mais formalizados, pode-se verificar a intervenção de elementos/práticas informais; a informalidade resulta da imposição do sistema formal e da forma como os atores sociais se adaptam a essas imposições.

Segundo Siede (1994, p. 27), é importante salientar o fato de não haver excludência entre duas possíveis formas de inserção no mercado de trabalho, na medida em que um mesmo indivíduo pode desempenhar funções como assalariado formal e como trabalhador informal independente. Aliás, isso é muito comum no contexto angolano, principalmente entre os funcionários públicos, devido aos baixos salários que auferem, que não permitem atender a todas suas necessidades, tendo em conta o alto custo de vida do país.

Como resultado da reflexão sobre essas definições em torno da informalidade e tendo em conta a perversidade do sistema capitalista contemporâneo vigente na sociedade, tem-se a considerar que a essas definições precisam ser acrescentados outros determinantes, como, principalmente, a diferença na distribuição de renda e, consequentemente, de acesso às oportunidades, o que, no caso particular de Angola, tem contribuído para o aumento dessa prática.

O fato de o trabalho informal ser uma atividade praticada por um segmento da população que está em vulnerabilidade, exclusão e pobreza, que não é reconhecido, nem protegido por um diploma legal que regulamente suas atividades, faz com que seus componentes sejam tratados como "trabalhadores não reconhecidos e nem declarados, que não se beneficiam da legislação laboral nem de proteção social, o que lhes impossibilita de desfrutar dos seus direitos fundamentais, de os exercer ou de os defender" (OIT, 2006, p. 8).

Trata-se de um tipo de trabalho que congrega uma série de atividades e formas distintas de inserção no mundo de trabalho, em que estão incluídos tanto proprietários de pequenas estruturas produtivas, quanto trabalhadores que operam total ou parcialmente na ilegalidade, aumentando ainda mais sua condição de exclusão e precariedade. De modo geral, o trabalho informal é mantido por "empregados não registrados, vendedores ambulantes, profissionais irregulares, servidores domésticos, contraventores" (Costa, 1989, p. 27).

Para Alves (2001, p. 100), a informalidade abarca "uma grande diversidade de situações, podendo ser identificada como uma combinação de atividades informais tradicionais com novas formas de trabalho precário sem contrato de trabalho". Ao analisar as diferentes formas contemporâneas da informalidade, a autora aponta existirem tipos diferentes de trabalhadores informais, nomeadamente: 1º) os trabalhadores informais tradicionais; 2º) os trabalhadores assalariados sem registro; 3º) os trabalhadores autônomos e por conta própria e o pequeno proprietário informal.

Na visão da autora, a primeira modalidade, do tipo 1 de informalidade —, dos trabalhadores informais tradicionais — refere-se àqueles sujeitos que estão inseridos nas atividades que requerem baixa capitalização, buscando obter uma renda para consumo individual e familiar. São trabalhadores que normalmente vivem de sua força de trabalho, podendo se utilizar do auxílio de trabalho familiar ou de ajudantes temporários.

Fazem parte dessa modalidade os trabalhadores informais estáveis que possuem meios de trabalho ou um mínimo de conhecimento profissional e, na maioria dos casos, desenvolvem as suas atividades no setor de prestação de serviços, como: costureiras, pedreiros, jardineiros, vendedores ambulantes de artigos de consumo mais imediato e de consumo pessoal — como alimentos, vestuário, calçados —, camelôs, empregados domésticos, sapateiros e técnicos de reparos.

São também trabalhadores informais, aqueles cuja atividade é instável. Estes, normalmente, dependem de ocupação eventual, do uso de sua força física e de disposição para realizar pequenas e diversificadas tarefas de pouca qualificação como: guardadores de carros, auxiliares de costura, trabalhadores de rua, apenas para citar alguns. Para a autora, os trabalhadores informais instáveis são também aquelas pessoas que trabalham por empreitada e são recrutadas eventualmente: dependendo do ciclo econômico da produção ou do acúmulo de trabalho, são contratados e remunerados por peça ou por serviço realizado.

Já os trabalhadores informais ocasionais ou temporários são aqueles que realizam atividades informais quando se encontram desempregados, mas que pretendem retornar ao trabalho assalariado, ou seja, ao permanecerem eventualmente sem trabalho, desenvolvem atividades informais temporariamente, e visam trabalhar como assalariados.

Na perspectiva analítica da autora, essa última categoria tem-se mostrado precária, uma vez que esses trabalhadores, que ora estão desempregados, ora são absorvidos pelas formas de trabalho precário, vivem uma situação que, sendo inicialmente provisória, pode se transformar em permanente. Há, ainda, casos que combinam o trabalho regular com o ocasional, praticando os chamados *bicos* ou *biscatos*. Nesses casos, esses trabalhadores obtêm baixo rendimento com essas atividades e são os vendedores de diversos produtos (limpeza, cosméticos, roupas), digitadores, salgadeiras, faxineiras e artesãos, cujas atividades são realizadas nas horas de folga.

No tipo 2 de informalidade estão os trabalhadores assalariados sem registro. São aqueles que, em sua maior parte, são contratados à margem da regulamentação do mercado de trabalho, à margem das regras do contrato por tempo indeterminado e em tempo integral e da organização sindical (Cacciamali, 2000, p. 166).

O tipo 3 da informalidade, dos trabalhadores autônomos, ou por conta própria, ou o pequeno proprietário informal, segundo a autora, refere-se àqueles, geralmente mais qualificados, que possuem os seus meios de produção e utilizam a sua própria força de trabalho e/ou a de sua família. Ressalta-se que há casos em que empregam um número pequeno de trabalhadores assalariados. Geralmente, esses trabalhadores pertencem a segmentos médios da sociedade, possuem um capital mínimo, representado pelo pequeno estabelecimento comercial e meios de trabalho que lhes asseguram certa estabilidade de ocupação.

Segundo a autora, esse segmento engloba também os trabalhadores que em muitos casos têm sido incentivados pelo grande capital a se incluírem nas categorias de trabalhadores independentes que prestam seus serviços às grandes empresas, visando, com isso, baratear os custos sociais da utilização da força de trabalho.

Esse quadro reflete claramente a situação de vida da maior parte daqueles que estão no trabalho informal, como é o caso dos jovens em estudo nesta obra, que não o fazem por escolha, mas por necessidade absoluta, relacionada a questões de sobrevivência.

É importante assinalar que o trabalho informal discutido nesta obra não se enquadra no conceito de unidade produtiva que caracteriza o "setor informal" definido pela OIT. Isso reside no fato de nos debruçar sobre uma forma de emprego desprotegido, sem vínculo formal e diretamente vinculado à produção capitalista. Na ótica de Alves e Tavares (2006, p. 433), essas novas "formas de inserção do trabalhador por conta própria na economia informal não são práticas novas, mas foram recriadas pelas empresas capitalistas como meio de possibilitar a extração da mais-valia absoluta e de [...] se liberar dos custos sociais decorrentes das relações empregatícias". Isso para dizer que os trabalhadores por conta própria fazem parte do exército industrial de reserva e, dessa forma, é de interesse do capital mantê-los, desde que o trabalho autônomo não se apresente como oponente do mercado capitalista de mercadorias e serviços (Alves, 2001).

Assim sendo, no trabalho informal, estão aqueles que desenvolvem as suas atividades por conta própria, sem contrato de trabalho e sem salário. Segundo essa ótica, o trabalho informal é compreendido na perspectiva da precariedade da ocupação — que é o caso dos nossos sujeitos de pesquisa que, na sua generalidade, não gozam de qualquer dos benefícios garantidos no mercado formal de emprego, como férias, 13º salário e outros, importantes para garantir a proteção tão necessária no contexto angolano.

Neste sentido, Silva e Alves (2008) afirmam que a explosão das atividades informais, nos últimos anos, é consequência da reestruturação do mercado de trabalho, como se apontou no início desta discussão, e da política macroeconômica de recessão, esta última, enquanto mecanismo de estabilização econômica. Essa explosão se deve também, segundo Ribeiro et al. (2005), aos novos requisitos de acesso ao mercado de trabalho.

Dentre esses requisitos, está a experiência profissional, exigência que é prejudicial principalmente para os jovens, pois há "uma certa incoerência do mercado ao cobrar a tão falada prática profissional daqueles que estão justamente buscando a sua primeira oportunidade de emprego, mostrando, desta forma, a insuficiência das políticas de inserção dos jovens no mercado de trabalho tanto por parte do governo como das empresas" (Idem, 31).

O trabalho informal de rua, mais concretamente o comércio ambulante, é parte da extensa gama de ocupações que compõe a informalidade. Esses pequenos negócios informais não têm condições de concorrer com as empresas capitalistas, mas são estas que, de certa forma, definem (por omissão) sua inserção no mercado. Nesse sentido, afirmam Silva e Alves (2008, p. 81) que,

> O crescimento das ocupações informais é entendido como consequência do elevado nível de desemprego, da desregulamentação exacerbada dos contratos trabalhistas e não uma alternativa à desocupação. Essa inserção precária no mundo do trabalho atende aos desígnios do capital

que conta com uma força de trabalho extremamente dócil e maleável por acreditar que não está mais submetido às regras do trabalho assalariado.

Nesse sentido, o comércio ambulante é, na verdade, a apropriação capitalista de formas primitivas ou pré-capitalistas de trocas comerciais. Dito de outra forma, o comércio ambulante é parte do próprio movimento da sociedade capitalista, como se observa ao longo da nossa abordagem. Essa realidade mostra claramente o intuito da lógica capitalista em revitalizar o capital, valendo-se da superexploração, bem como da precariedade objetiva e subjetiva do trabalho, revertendo assim esses espaços em produtores de valor. Isso fica evidente na visão de Antunes (2010, p. 12), quando, se referindo às diferentes formas de trabalho informal, aponta que

> Estas modalidades de trabalho — configurando as mais distintas e diferenciadas formas de precarização do trabalho e de expansão da informalidade — vêm ampliando as formas geradoras do valor, ainda que sob a aparência do não-valor, utilizando-se de novos e velhos mecanismos de intensificação (quando não de auto-exploração do trabalho).

Dentre as consequências advindas desse processo de reestruturação produtiva, está o desemprego, que se considera, nesta obra, como um dos determinantes que explicam o envolvimento dos jovens no trabalho informal, em geral, e no comércio ambulante, em particular.

É importante frisar o lado perverso do desemprego, principalmente para os jovens — notadamente para aqueles que têm famílias constituídas —, na medida em que essa situação atinge a sua dignidade, a teia de relações sociais em que estão inseridos, os espaços de relacionamentos em que estruturam suas histórias e identidades[9]: essa realidade de desemprego cria nos jovens os sentimentos de exclusão,

---

9. A afirmação é verdadeira, em nível mundial. Por exemplo, o número de suicídios na França e em alguns países europeus são amostras concretas dessa realidade.

inutilidade e de incapacidade, uma vez que são como que barrados ou impedidos de participar nas organizações e instituições da sociedade.

O relatório da OIT, divulgado em 2009, indica que o número de jovens desempregados no mundo aumentou para 10,2 milhões, o que corresponde a 22% da população economicamente ativa. Esse documento aponta ainda que cerca de 300 milhões de trabalhadores, entre 15 e 24 anos, vivem abaixo da linha de pobreza, num total de 56,3% dos jovens empregados e 25% da taxa da população juvenil mundial (OIT, 2010). Essa realidade vivida pelos jovens no mundo mostra o que muitos autores vêm chamando de "geração perdida", diante do contexto de plena barbárie social do capitalismo, no qual as crises contemporâneas aumentam e realçam. Segundo Sara Elder — economista da OIT, "Geração Perdida" é o nome dado a um grupo de jovens desanimados que, após longa e frustrada busca de emprego, se exclui do mundo do trabalho (OIT, 2010).

O resultado dessa lógica do desenvolvimento capitalista é observado na falta de perspectivas para um número considerável de jovens, no retrocesso social e no aumento do desemprego, como se frisou anteriormente — muitos desses jovens já não têm projetos de vida, por não saberem o dia de amanhã e, os que os têm, os estão adiando.

Em países como Espanha, França, Itália e Reino Unido, por exemplo, a taxa de desemprego juvenil chega a ser pelo menos duas vezes superior à taxa média nacional. Nesse sentido, o novo panorama global convive com ampla exclusão social, mormente dos jovens, a disseminação de diversas formas de trabalho precário e informal, geralmente sem acesso aos direitos trabalhistas e à organização sindical (Tavares, 2006, p. 26).

É dentro desse contexto que surge o trabalho informal, modalidade que, nas últimas décadas, tem crescido assustadoramente no mundo, respondendo por mais da metade dos novos postos de emprego na África. A estimativa da OIT sobre esses novos postos nesse continente é que seus índices chegam a cerca de 80%. Do ponto de vista dessa organização, 70% desses estão relacionados a trabalhadores por conta própria, principalmente como vendedores de rua e ambulantes. Acrescenta, ainda, que o trabalho informal tem sido o principal responsável pelo sustento de jovens e mulheres trabalhadores no continente-berço, uma vez que são esses os dois segmentos da sociedade atingidos em maior grau pelo desemprego mundial (Barbosa & Carvalho, 2006, p. 26).

Dentre os jovens, as mulheres encontram mais dificuldades na hora de procurar emprego, e as condições que elas encontram criam dificuldades evidentes para a sobrevivência familiar: são pior remuneradas, mais instáveis e vulneráveis em conjunturas de desemprego, mais desqualificadas e desvalorizadas no mercado de trabalho, embora nos últimos anos tenha havido alguns avanços. Por tudo isso, as mulheres são também as principais candidatas às diversas formas de subemprego e trabalho precário (Telles, 1990, p. 40).

No caso particular de Angola, a inserção das mulheres no trabalho informal justifica-se pelo fato de muitas delas assumirem papéis de chefes de famílias e não possuírem escolaridade adequada às exigências do mercado de empregos formais. Muitas delas são analfabetas ou têm baixa escolaridade e não possuem formação profissional que lhes permita enquadrar-se em postos de emprego com melhores salários.

De fato, a incapacidade do sistema capitalista de criar empregos decentes, apesar do crescimento econômico (que é o caso de Angola), está golpeando com força os jovens e as mulheres. Essa situação, além de gerar *deficit* de oportunidades de trabalho e de elevar a incerteza econômica, ameaça também as perspectivas de vida futura dos nossos principais recursos: as nossas mulheres e os nossos homens jovens — dois dos segmentos da sociedade angolana que mais buscam no comércio ambulante a própria sobrevivência e a de seus dependentes.

No contexto de Angola, as causas do desemprego assentam-se também no fator guerra que devastou o país por décadas e cujas consequências traduziram-se na quase completa destruição de infraestruturas econômicas e produtivas a que se associam outros fatores, como o baixo nível de formação acadêmica e profissional da população — razão apontada como causa dos baixos salários auferidos tanto nas instituições públicas como nas empresas privadas.

Assim sendo, é possível afirmar que o desemprego, na sociedade angolana, está intimamente associado a aspectos de âmbitos político, econômico e social, e afeta de modo particular os jovens — como temos afirmado ao longo desta obra, com base inclusive nos dados recentes da OIT. A solução do desemprego que afeta a sociedade angolana poderá ser encontrada em investimentos voltados para a diversificação da economia, nos setores primário e secundário — levando em consideração as potencialidades agrícola e industrial do país — acompanhados de investimentos na formação de mão de obra e no incentivo público para a ampliação do emprego formal.

Entende-se que é dentro desse quadro de desemprego crescente que surgem o trabalho informal e o comércio ambulante, no contexto africano, e no angolano, em particular. Também o surgimento do setor/trabalho informal e do comércio ambulante, principalmente do segmento juvenil, é uma das consequências diretas do desemprego que, ao limitar aos jovens o acesso ao emprego, impede-os de expressarem aquilo que, no sistema capitalista, lhes cabe: vender a sua força de trabalho.

Dados de 2006 dão conta de que 52% da população economicamente ativa de Angola estava inserida no trabalho informal, principalmente a camada juvenil, devido às suas dificuldades para obter o primeiro emprego, visto que as vagas que aparecem exigem certa qualificação e experiência, que muitos deles não possuem. É dentro desse contexto do trabalho informal, mais concretamente do comércio ambulante, que se encontra um número considerável de jovens.

Para Costa (1989, p. 26), o comércio ambulante é aquele exercido no espaço público e que escapa às regras do comércio oficial, independentemente de sua maior ou menor permanência num determinado espaço. É um tipo de trabalho que de "certa forma reage aos limites da urbanização capitalista, utilizando-se de formas não capitalistas de produção e distribuição e criando novas possibilidades de inserção social". De modo geral, pode-se dizer que esse tipo de inserção de jovens e mulheres os afetou em suas relações e vínculos.

Essas mudanças no mundo do trabalho, na sociedade contemporânea, em seu processo de extração de valor, têm levado os sujeitos a venderem a sua capacidade de trabalho, de forma precária, a diversos setores e espaços. Trata-se de um processo em que as pessoas correm o risco de perder o direito à sua subjetividade.

Mesmo tendo em conta que o desenvolvimento do comércio informal não é "um fenômeno exclusivo das metrópoles do terceiro mundo, nem mesmo específico das cidades capitalistas, pois em inúmeros países coexistem diversos sistemas econômicos" (Costa, 1989, p. 27), o fato concreto é que o comércio ambulante foi a solução e a estratégia encontrada por milhares de desempregados angolanos, principalmente daqueles que tinham problemas de acesso ao primeiro emprego.

Nesse sentido é que, nesta obra, não se pode apenas entender a informalidade nos atendo às suas condições históricas — seja no contexto angolano, seja no mundo em geral — em que a acumulação capitalista, o contexto internacional, a recessão econômica e o papel do Estado são elementos fundamentais. Essa compreensão necessita incluir o envolvimento dos jovens nesse tipo de trabalho.

Para Telles (2006), as mudanças que ocorrem no mundo do trabalho nos impossibilitam de enxergar as diferenças entre trabalho precário, emprego temporário, expedientes de sobrevivência e atividades ilegais — a zona cinzenta em que operam as "mobilidades laterais" dos trabalhadores urbanos nos principais centros metropolitanos da atualidade. Por outro lado, pensamos que tais mudanças também nos impedem de perceber o modo como se processam e são redefinidas as dinâmicas urbanas, relacionadas às novas formas de produção e de circulação de riquezas, que caracterizam as experiências contemporâneas.

Em Angola, o trabalho informal surgiu em razão de vários fatores, que se constituem em determinantes fundamentais para a compreensão do envolvimento dos jovens no comércio ambulante. Primeiramente, o fator guerra, que destruiu o setor industrial do país e paralisou o seu funcionamento, contribuindo para que muitos cidadãos perdessem seus postos de emprego, principalmente entre a camada juvenil. Esse fato, aliado ao aumento populacional da cidade de Luanda, limitou o acesso de considerável número de jovens ao emprego, levando-os a buscar o mercado de trabalho informal.

A guerra também provocou a estagnação da economia, fazendo com que a oferta de empregos no setor formal se tornasse insuficiente para a população desempregada. É importante destacar que, além da guerra, contribuiu, ainda, a ineficiência para a elaboração e execução de políticas econômicas e de gestão de qualidade da coisa pública, de forma a impulsionar, por sua vez, a política de geração de emprego.

Além do que, o conflito armado, ao reforçar a vinda dos jovens para a cidade, ocasionou um processo de desenraizamento, que culminou com a perda de valores culturais, destruindo, assim, a essência das famílias angolanas, antes atentas à transmissão de valores. O processo de migração colocou os jovens longe da vigilância e do poder educativo dos pais e da família, ou seja, dos seus "mais velhos", como são culturalmente concebidos, e deixou-os sem qualquer referência. Essa situação criou um ambiente facilitador de comportamentos de abuso da liberdade, para a assimilação de maus exemplos de companheiros e, até mesmo, de parentes com mais idade. Comportamentos que se resumem, muitas vezes, no uso de drogas, no vício do alcoolismo e à prostituição.

Esses jovens viveram realidades sociais em que os princípios de conduta social foram completamente alterados. Com certeza, a crueldade da guerra e as experiências negativas pelas quais passaram muitos deles durante o conflito armado, hoje se refletem de forma significativa nas suas identidades e na construção de suas vidas. Tal reflexão é evidenciada pela visão de Carlinda (apud Unicef, 1997, p. 3), segundo a qual:

Durante a guerra criou-se nas crianças e adolescentes um sentido confuso sobre o que é certo e errado, e a consciência de que certos atos de violência, como matar, são moralmente aceites, o que demonstra de forma clara uma perda do respeito e da sensibilidade pela vida. Por outro lado, as crianças foram crescendo com um pessimismo grande em relação ao futuro, sem confiança nas pessoas, com muitas dificuldades em estabelecer laços afetivos duradouros e estáveis, o que se traduziu na perda da autoestima e autoconfiança.

Os jovens aqui citados são as crianças e adolescentes de ontem, que nasceram e se desenvolveram num *ethos* marcado — em importante medida — pela violência nas casas, nas ruas, nos bairros. O aprendizado deles, desde cedo, se fez pela pedagogia da violência. Aprenderam pelo grito e pela surra. O diálogo, o uso da palavra, é percebido como ineficaz e perda de tempo. A virtude é a força e a virilidade, próprias de uma cultura machista. Ser gentil, "educado", pacificador, é sinônimo de fraqueza. Em casa, nas ruas, e também pela televisão, os jovens vão compreendendo que, nesse mundo de "cão", só o valentão e o espertalhão sobrevivem (Penatti et al., 2008, p. 92).

O relatório do Programa das Nações Unidas para o Desenvolvimento (PNUD), publicado em 1998, aponta a importância do setor informal como fonte e alternativa de emprego, contribuindo com 20% a 30% para o Produto Nacional Bruto Não Petrolífero. A importância dessa informalidade também esteve assente no Programa de Recuperação e Estabilização de Médio Prazo elaborado pelo governo angolano, para 1998-2000, em que citava a sua relevância como sistema de sobrevivência econômica e de reprodução social, além de reconhecer o seu acentuado processo de crescimento.

Nesse relatório, destaca-se também o expressivo peso das atividades comerciais, no contexto do setor informal, com 87%, e o papel desse setor como recurso de sobrevivência das populações urbanas, principalmente daquelas vindas do interior do país; ou seja, a informalidade constitui-se numa estratégia de sobrevivência das populações urbanas mais necessitadas. Já o relatório publicado em 2004 enfatiza a presença heterogênea de vários agentes ativos do setor informal, nomeadamente os vendedores ambulantes e os lavadores de carros. A esses, incluem-se as domésticas, os sapateiros, os taxistas, os restauradores e os agentes de câmbio (os famosos kinguilas)[10], constituídos, na sua maioria, por mulheres e por grupos de jovens desempregados.

Entre as principais razões apontadas no relatório que induzem ao ingresso nas atividades informais, e que prevalecem até hoje, destacam-se: o nível elevado de crescimento da população urbana — como consequência das altas taxas de fecundidade e das vagas sucessivas de deslocados provenientes das áreas rurais —, o nível elevado de desemprego, o analfabetismo, a redução do salário real, dentre outros. A essas questões contidas no relatório, há que se acrescentar a cultura angolana, em relação à organização familiar, compreendida na perspectiva de família extensa ou alargada, composta na sua maioria por um número elevado de membros.

Desse elevado número de membros, muitas vezes, apenas uma ou duas pessoas têm trabalho formal, o que faz com que a família, para garantir a sua sobrevivência, recorra ao trabalho informal e, algumas vezes, ao trabalho infantil, pois há toda uma necessidade de complementar os fracos rendimentos familiares, em face da multiplicidade de encargos contraídos, o que impulsiona e força alguns jovens a procurarem trabalho e a submeterem-se a condições laborais por vezes penosas.

Diante disso, importa ressaltar que, embora a dimensão econômica surja como a face mais visível de um fenômeno complexo, multidimensional, que é a informalidade, não é apenas essa dimensão que fundamenta este trabalho. Há um conjunto de fatores — sociais, culturais, econômicos e políticos — que determinam a construção de experiências específicas de trabalho e de vida desses jovens. Assim como Lopes (2000, p. 4), entende-se que:

---

10. Nome atribuído às pessoas que trabalham com a troca e venda da moeda estrangeira no mercado cambial informal angolano.

Para além dessa dimensão econômica, a informalidade está também presente ao nível das relações sociais, dos sistemas de comunicação, dos processos de tomada de decisão, desempenhando um papel específico e relevante em relação aos mecanismos de coesão/reprodução das unidades familiares, pondo em jogo redes de solidariedade, modos particulares de sociabilidade, sistemas de valores próprios.

Ressalta-se que os jovens vendedores ambulantes se enquadram nas categorias ou características dos chamados excluídos — populações de rua, desempregados, empregados domésticos, pobres, habitantes de zonas periféricas das cidades ou das grandes metrópoles, migrantes —, indivíduos que por possuírem baixos graus de instrução e escolaridade sobrevivem do trabalho informal, no seu rosto mais invisível, o do comércio ambulante.

Na visão de Costa (1989), os vendedores ambulantes constituem sempre um desafio ao comércio oficial. Postados na porta das lojas, eles impedem a entrada de fregueses, ao mesmo tempo que oferecem mercadoria mais barata, pois não pagam impostos. São concorrentes desleais e chegam a confirmar o pagamento de uma "caixinha" a fiscais corruptos, que, na verdade, deveriam inspecioná-los.

Em Angola, o trabalho informal tem sido uma das alternativas e estratégias de sobrevivência da população em situação de pobreza, miséria e exclusão. Segundo dados de 2004, é a fonte de renda de quase 46% da população economicamente ativa (PNUD, 2004), principalmente dos jovens da camada desfavorecida do tecido social, que, cada vez mais, veem-se impossibilitados de ingressar no setor formal de emprego, tendo em conta as dificuldades em que vivem e os requisitos exigidos atualmente para acesso aos postos de trabalho: dependendo do emprego que estejam procurando, conhecimentos de informática e domínio de uma língua estrangeira, e, sobretudo, experiência, que, para aqueles que procuram o primeiro emprego, é um requisito difícil de ser cumprido (Martins, 2002). Além dessas exigências, Dias (2009, p. 108) completa, afimando que

Ao capital não mais interessa o trabalhador especialista, voltado para o desempenho de uma única ocupação, dotado de capacidade física e habilidades manuais. O paradigma flexível de base técnica renovada exige conhecimentos, destrezas, habilidades intelectuais e polivalência. Novos elementos são valorados na utilização da mão de outra. O trabalhador deve possuir a capacidade de agir, intervir e decidir em situações imprevisíveis e não se limitar à execução de uma única tarefa.

Segundo Lopes (2000), o universo de 60% de desempregados do país é constituído principalmente por jovens. A inserção deles nos diferentes espaços de trabalho informal — dentre eles, o comércio ambulante — tem sido a alternativa ao desemprego encontrada pela maioria dessa população. Nesse sentido é que se verifica um contínuo crescimento do trabalho informal em Angola, particularmente em Luanda, em lugar do trabalho formal, regulamentado e protegido por leis específicas do país. O trabalho regular, garantidor da seguridade social, mediado por contratos de trabalho por tempo indeterminado, vem sendo substituído por ocupações "atípicas", nas quais um conjunto de benefícios e de vantagens não é acessado.

Não se pode negar o fato de que, num contexto e situação de alto desemprego e de pobreza, como a que se vive em Angola atualmente, o trabalho informal tem-se mostrado como uma fonte potencial de ocupação e de rendimento para a maioria da população. Além disso, mesmo os que estão integrados no trabalho formal — devido aos baixos salários — acabam por se inserir também no trabalho informal, desenvolvendo pequenos negócios, dada a facilidade de acesso e pelo fato de não exigir instrução ou qualificação, nem meios técnicos e financeiros (OIT, 2006). Já Feliciano et al. (2008, p. 23) entendem que,

> Com poucas exigências de saberes e competências, o trabalho informal é um trabalho que mobiliza familiares e membros dos círculos, parentes, vizinhos e amigos, principalmente mulheres e muitas crianças, todos eles quase sempre pobres, com enorme *deficit* de garantias de tempos, horários e rendimentos minimamente estáveis, sem direitos para lá dos

laços comunitários, sem condições sanitárias, sem proteção social que reduza a pobreza, cubra riscos, acidentes e interrupções de trabalho, situações de doença ou velhice.

As razões para a situação de desemprego vivenciada pela população angolana — acompanhada por intenso processo de precarização das condições de vida e de trabalho que se manifestam em diferentes ramos produtivos — variam desde a dificuldade de encontrar postos de trabalho que absorvam o número de cidadãos que procuram emprego — que é de fato um problema conjuntural em Angola —, até a falta de qualificação dos próprios jovens. É importante frisar que o nível de aprendizagem ou de competência não é, portanto, a única causa desse desemprego, uma vez que é uma realidade na contemporaneidade angolana que o mercado formal de emprego não absorve os jovens, nem as pessoas mais velhas.

Pode-se afirmar, no entanto, que a maior parte dos estudos tem mostrado que há pouca participação dos segmentos mais pobres e de baixa escolaridade da sociedade nos espaços de formação complementar, o que mostra claramente que a desigualdade educacional também se manifesta no acesso às oportunidades de complementação formativa e no acesso a bens culturais, os quais se encontram disponíveis de forma mais abrangente e qualificada para os jovens oriundos das classes de maior poder aquisitivo (Ribeiro, 2005).

Diante dessa situação, não se pode deixar de frisar que os jovens dos extratos mais pobres acabam por praticar atividades relacionadas ao trabalho informal, o que lhes proporciona uma inserção precária e perversa, contrária ao direito do ser humano de viver em liberdade, dignidade, com segurança econômica e igualdade de oportunidades — exigências assinaladas na resolução da OIT, fundamentada na Declaração de Filadélfia de 1944, sobre o trabalho digno e a economia informal, aprovada na sua 9ª Conferência Internacional do Trabalho.

Daí Castel (1998) considerar a precarização como um fenômeno tão perverso quanto o desemprego, porque vai gerar a desestabilização dos estáveis, a instalação da incerteza e, por fim, a desfiliação dos trabalhadores, o que certamente compromete a solidariedade e a coesão da sociedade.

Em Angola, o trabalho informal, principalmente o comércio ambulante, se expande, justamente no momento em que cresce a má distribuição da riqueza, se acentua a diferença de classes e as políticas sociais se retraem em benefício das políticas macroeconômicas. Por outro lado, trata-se de um tipo de trabalho que surge da impossibilidade de o setor formal de emprego alcançar todos os cidadãos porque, num mundo dominado pelo sistema capitalista, que prega a qualificação profissional, essa exigência é conseguida após anos de experiência — condição essa que a maioria da população angolana nunca teve no passado e, apesar da melhoria observada nos últimos anos, o quadro se mantém.

Entende-se que reconhecer a heterogeneidade, as diferentes formas ou modalidades de inserção do trabalho informal no modo de produção capitalista é fundamental para apreender a totalidade que encerra o vínculo entre os trabalhadores aí envolvidos — nesse caso, os jovens — e o acúmulo de capital, já que se trata de um espaço em que se criam e se recriam novas relações e formas de trabalho. A partir dessa percepção é que se entende o trabalho informal como integrado ao sistema capitalista, uma vez que "as supostas relações de informalidade se caracterizam de forma semelhante à flexibilidade exigida no contemporâneo momento da acumulação" (Silva & Alves, 2008, p. 79).

Sendo a informalidade uma atividade integrada ao sistema capitalista, pode-se concluir que os sujeitos nela inseridos vivenciam as diferentes expressões da questão social daí advindas, como pobreza, vulnerabilidade, entre outras. Essa perspectiva é assumida por Ribeiro (2005), quando afirma que os aspectos relacionados à pobreza, à exclusão e às desigualdades sociais têm impacto na maioria das vivências da juventude, principalmente daqueles jovens que cresceram em tempos de agravamento de situações de injustiça social. Situações essas que continuam a caracterizar a sociedade angolana na contemporaneidade e que se procurou abordar de forma mais aprofundada no item seguinte.

2.3. Exclusão, pobreza, desigualdades e vulnerabilidades sociais no contexto angolano

Atendendo à realidade concreta do país, as narrativas dos sujeitos da pesquisa e os resultados obtidos nas observações realizadas — nos diferentes focos de venda ambulante em que os jovens, sujeitos desse trabalho, estão inseridos, — discutir-se-á neste item os conceitos de exclusão, pobreza, desigualdade e vulnerabilidade social que norteiam e fundamentam de alguma forma a presente obra, resultados das diferentes crises, mudanças e transformações que permeiam os diversos contextos societários no mundo contemporâneo, inclusive Angola.

Diante destas questões, entende-se que as mudanças decorrentes de tais crises, principalmente da crise do capital, que se processaram no mundo do trabalho, atingiram perversamente o trabalhador, precarizando suas condições de trabalho e desprotegendo-o socialmente.

Dentre essas crises, mudanças e transformações, destacam-se aquelas referentes ao aspecto econômico desencadeadas pelos choques do petróleo de 1973 e 1979. Acrescenta-se, ainda, a revolução tecnológica, através da qual a robótica propiciou o processo de trabalho automatizado e provocou aumento considerável do desemprego, do subemprego e a ampliação do trabalho informal. Por essas questões é que se entende que essas crises são de fato consequência do perverso sistema capitalista, pois se trata de uma lógica que produz riqueza, mas também sociedades desiguais e excludentes.

Partindo desse pressuposto é que Martins (2007, p. 33) entende que o capitalismo "está criando uma grande massa de população sobrante, que tem pouca chance de ser de fato reincluída nos padrões atuais do desenvolvimento econômico". Segundo Castel (2010), esse drama de sobrantes decorre de novas exigências da competitividade e da concorrência, da redução das oportunidades e dos empregos, fazendo com que não haja mais lugar para todas as pessoas na sociedade onde nós nos resignamos viver.

Assim sendo, sobrantes são pessoas que não têm lugar na sociedade, que não são integrados, e talvez não sejam integráveis no sentido forte da palavra, que é estar inseridas em relações de utilidade social, relações de interdependência com o conjunto da sociedade. Na visão do autor, esses que ele considera sobrantes não são explorados. Eles são tidos como inúteis — inúteis ao mundo, como se costumava falar dos vagabundos nas sociedades pré-industriais — no sentido de que não existe um lugar na sociedade onde eles possam estar com o mínimo de estabilidade. São pessoas que foram invalidadas pela nova conjuntura econômica e social dos últimos anos, pois são indivíduos que estão completamente atomizados, rejeitados de circuitos que lhes poderiam atribuir uma utilidade social. Para o autor, enfrentar essa conjuntura e mudá-la significa traçar medidas de outra ordem, voltadas para o tratamento social do desemprego ou para a inserção no trabalho de populações já invalidadas pela situação econômica e social.

Por outro lado, ressalta-se que tais crises econômicas, ao provocarem múltiplos e diferenciados movimentos de estrangulamento dos circuitos formais de reprodução social — desemprego, reduções salariais, aumento do custo de vida, acesso dificultado aos sistemas de saúde e educação —, aceleram a fuga e a migração para outros sistemas de reprodução socioeconômica baseados nas estruturas comunitárias e na família alargada.

Neste sentido, não se pode analisar o trabalho informal — mais concretamente, o comércio ambulante no contexto angolano — sem nos atentarmos à questão social, cujas expressões que a caracterizam resultam das transformações políticas, econômicas e sociais que vêm ocorrendo nos últimos anos nas sociedades capitalistas sobretudo em seu estágio monopolista. Isso porque tais transformações e mudanças vão contribuir para a diminuição do emprego operário, o aumento de emprego no setor terciário e a expansão do trabalho parcial, temporário, subcontratado, precário, terceirizado, vinculado à chamada economia informal.

Essa perspectiva é partilhada por Pastorini (2010), ao apontar que as transformações não se observam apenas nos métodos de produção, mas acontecem simultânea e principalmente na criação de novas formas de trabalho, na contratação de mão de obra através de novos requisitos, nos níveis de desemprego, na organização dos trabalhadores, nas negociações coletivas, no aumento dos níveis de pobreza. Hoje essas transformações podem ser vistas engrossadas por um conjunto cada vez maior de trabalhadores excluídos do mercado formal de trabalho e pelo crescimento das desigualdades sociais, retraimento dos direitos sociais, desregulamentação das condições de trabalho, os quais vão configurar expressões da questão social.

Ao conceituar a questão social, Iamamoto e Carvalho (1991) afirmam tratar-se de expressões do processo de formação e desenvolvimento da classe operária e de seu ingresso no cenário político da sociedade, exigindo seu reconhecimento como classe por parte do empresariado e do Estado. Assim sendo, a questão social é a manifestação, no quotidiano da vida social, da contradição entre o proletariado e a burguesia, a qual passa a exigir outros tipos de intervenção, mais além da caridade e da repressão, podendo ser ainda entendida como o conjunto de problemáticas sociais, políticas e econômicas gerado com o desenvolvimento das relações capital/trabalho na sociedade capitalista.

Também Pastorini (2010) situa a questão social na sociedade capitalista, apontando que a sua origem data da segunda metade do século XIX, quando a classe operária faz a sua aparição no cenário político da Europa Ocidental. No entendimento do autor, é nesse século, no contexto da Revolução Industrial, no desdobramento da grande indústria e da organização da classe trabalhadora (em sindicatos e partidos proletários que lutavam por melhores condições de vida e de trabalho), que é colocada a questão social propriamente dita, vinculada à emergência do pauperismo e ao perigo que ele significava para a ordem burguesa.

Analisando a realidade contemporânea, pode-se afirmar que a questão social, nas suas atuais configurações, transparece na desagregação ou degradação da função integradora do trabalho na sociedade, no quadro do que se pode chamar de uma sociedade salarial — aliás, essa é a centralidade da análise de Castel (2005) —, na desmontagem do sistema de proteções e nas garantias vinculadas ao emprego e na desestabilização da ordem do trabalho, que repercute como uma espécie de choque em diferentes setores da vida social.

O autor resume essa realidade em três questões: 1. A desestabilização dos estáveis, em que trabalhadores, antes inseridos, perdem seus postos de trabalhos ou por serem considerados velhos, ou para serem reciclados; 2. A inserção na precariedade, em que são oferecidos empregos temporários, em condições precárias, especialmente para os jovens, que enfrentam o desemprego precoce; e, 3. Finalmente, a constatação da existência de um perfil de pessoas que poderiam ser chamadas de 'sobrantes'. Para esse autor, a questão social apresenta-se na atualidade metamorfoseada sob distintas formas de expressão.

Ressalta-se que as manifestações da questão social são decorrência das contradições inerentes ao sistema capitalista, cujos traços particulares vão depender das características históricas da formação econômica e política de cada país e/ou região, ou seja, os diferentes estágios capitalistas produzem distintas expressões da questão social. Uma delas é a exclusão social, fruto de determinações econômicas, sociais, políticas, culturais e, até mesmo, geográficas.

Nesta obra, a exclusão é entendida como falta de acesso à segurança, à justiça, à cidadania, à representação política, a ausência de proteção social e de trabalho remunerado e/ou de recursos. Para dizer que os problemas da exclusão se caracterizam pelas privações nos diferentes setores da vida, sobretudo nos serviços essenciais e de proteção, pelas dificuldades de acesso ao trabalho, de participação na vida sociopolítica, dos baixos padrões de educação e de saúde, da desigualdade social, da exposição à violência. Essas diferentes privações são sofridas e vivenciadas pelos segmentos mais desfavorecidos da população e afetam todo o seu ciclo de vida.

Existem dois termos que ilustram bem as dimensões da exclusão — nomeadamente, a marginalização e a segregação de vastas zonas de convivência humana. A exclusão social é, ainda, resultante das interações e da dinâmica de um conjunto de gritantes desigualdades sociais que enfermam a sociedade, criando dois mundos num mesmo espaço, impossibilitando, para determinados grupos, o partilhar dos bens oferecidos pela sociedade, como se observa na afirmação de Kliksberg (2002, p. 31), segundo a qual:

> [...] a ação conjunta dessas desigualdades está na origem de um dos sinais mais problemáticos com que a humanidade chega ao final do século XX, o denominado problema da exclusão social. Em diversas sociedades, amplos setores de população não têm acesso a ativos produtivos, créditos, educação de boa qualidade e, por conseguinte, rendas adequadas. Essas exclusões se reforçam mutuamente e conduzem a "círculos perversos" que deixam extensos grupos humanos desprovidos de capacidades de funcionamento básicas.

A exclusão compreende também dimensões da desigualdade social: a dimensão ética da injustiça social e a dimensão subjetiva do sofrimento. Para Wanderley (2010), a exclusão social só se transforma efetivamente em questão social quando é percebida e assumida por um setor da sociedade que busca, por algum meio, equacioná-la, torná-la pública, transformá-la em demanda política, implicando tensões e conflitos sociais. Já Yazbek (2011) aborda a pobreza como expressão direta das relações vigentes na sociedade, localizando a questão no âmbito das relações constitutivas de um padrão de desenvolvimento capitalista, extremamente desigual, em que convivem acumulação e miséria. Nesse sentido é que a autora aponta que:

> Os "pobres" são produtos dessas relações, que produzem e reproduzem a desigualdade no plano social, político, econômico e cultural, definindo para eles um lugar na sociedade. Um lugar onde são desqualificados por suas crenças, seu modo de expressar-se e seu comportamento social, sinais de "qualidades negativas" e indesejáveis que lhes são conferidas por sua procedência de classe, por sua condição social. Este lugar tem contornos ligados à própria trama social que gera a desigualdade e que se expressa não apenas em circunstâncias econômicas, sociais e políticas, mas também nos valores culturais das classes subalternas e de seus interlocutores na vida social (2011, p. 2).

Diante do exposto, a autora conceitua a pobreza como sendo,

> uma face do descarte de mão de obra barata, que faz parte da expansão capitalista. Expansão que cria uma população sobrante, gente que se tornou não empregável, parcelas crescentes de trabalhadores que não encontram um lugar reconhecido na sociedade, que transitam à margem do trabalho e das formas de troca socialmente reconhecidas (Telles, 1998). Expansão que cria o necessitado, o desamparado e a tensão permanente da instabilidade no trabalho. Implica a disseminação do desemprego de longa duração, do trabalho precário, instável e intermitente, dos biscates e de outras modalidades de relacionamento da força de trabalho com o capital, que em sua essência representa uma mesma ordenação da vida social (Yazbek, 2004, p. 35).

Com isso, os impactos destrutivos das transformações em andamento no capitalismo contemporâneo vão deixando suas marcas sobre a população empobrecida: o aviltamento do trabalho, o desemprego, o emprego precarizado e intermitente, os que se tornaram não empregáveis e supérfluos, a debilidade da saúde, o desconforto da moradia precária e insalubre, a alimentação insuficiente, a fome, a fadiga, a ignorância, a resignação, a revolta, a tensão e o medo são sinais que muitas vezes anunciam os limites da condição de vida dos excluídos e subalternizados na sociedade, conforme afirma a autora acima citada.

Normalmente o estudo da pobreza caminha para duas análises: uma, que concentra o enfoque no padrão de desenvolvimento social e nos mecanismos econômicos determinantes da pobreza — a qual aparece, para muitos analistas, como desigualdade estrutural — e outra, que concentra a sua óptica na desigualdade social fundamentada na distribuição de renda.

Apesar do peso da desigualdade na pobreza vivida pela maioria da população, compreende-se a sua natureza complexa e a importância de sua abordagem numa perspectiva sócio-histórica. Isso significa a compreensão de que as situações de pobreza e aquelas que dela decorrem se explicam de forma mais significativa pelas determinações estruturais, ou seja, de que "as manifestações das desigualdades e antagonismos que constituem a questão social encontram-se embasadas nos processos estruturais do desenvolvimento capitalista" (Pastorini, 2010). Diante do exposto é que Silva (2010, p. 157) afirma que,

> O sistema de produção capitalista, centrado na expropriação e na exploração para garantir a mais-valia, e a repartição injusta e desigual da renda nacional entre as classes sociais, são responsáveis pela instituição de um processo excludente, gerador e reprodutor da pobreza, entendida enquanto fenômeno estrutural, complexo, de natureza multidimensional, relativo.

Na nossa ótica, essa perspectiva supera a concepção de pobreza que muitos autores defendem considerando-a apenas como mera insuficiência de renda: apesar de a característica econômica revestir-se de elemento fundamental e significativo para definir-se a pobreza, não é o único fator determinante ou que o carateriza. Ela precisa ser compreendida nas privações referentes a diferentes dimensões sociais, culturais, políticas e, inclusive, econômicas. Nesse sentido é que se concorda com Crespo e Grurovitz (2002, p. 11) quando afirmam que:

> Pobreza é fome, é falta de abrigo, pobreza é estar doente e não poder ir ao médico. Pobreza é não poder ir à escola e não saber ler. Pobreza é não ter emprego, é temer o futuro, é viver um dia de cada vez. Pobreza é perder o seu filho para doença trazida pela água não tratada. Pobreza é falta de poder, falta de representação e de liberdade.

Yazbek (2005) entende que, embora a renda, o acesso a bens, a recursos e a serviços sociais e outros meios complementares de sobrevivência se configurem como elementos essenciais para identificação da pobreza, apoiando-se em Martins (1991), afirma que esta é uma categoria multidimensional: não se expressa apenas pela carência de bens materiais, mas é categoria política que se traduz pela carência de direitos, de oportunidades, de informações, de possibilidades e de esperanças. Essa autora vê os pobres como um universo marcado pela subalternidade, pela revolta silenciosa, pela humilhação, pela fadiga, pela crença na felicidade das gerações futuras, pela alienação, pela persistência e pelas estratégias para melhor sobreviver, apesar de tudo.

Por outro lado, ainda que configure uma situação econômica, a pobreza, como condição de vida, qualifica-se — no imaginário — como uma experiência real dos limites ou mesmo da ruptura com os parâmetros que constroem a noção de uma ordem legítima de vida. A condição de pobreza é passível de ser transfigurada em marginalização no interior de um imaginário social, o qual pode configurar a pobreza extrema como solo da desagregação moral, da desordem e da desrazão — o que pode ser observado no período do higienismo social.

Para Telles (1990, p. 37), essa forma de olhar os pobres continua na atualidade, pois ainda são vistos como "excluídos e deserdados a que se associa o fantasma da convulsão social, da violência urbana e do aumento da criminalidade que aterroriza a elite civilizada da sociedade". Como se pode observar, apropriando-nos de Borba e Lima (2011), a pobreza pode ser conceituada de diversas maneiras e com divisões em duas categorias distintas: pobreza relativa e a pobreza absoluta.

Sposati (1996) analisa que a pobreza relativa é aquela que se encontra entre as melhores e as piores condições de vida. Essa concepção, no entender da autora, nos permite definir padrões sociais que possam se constituir como parâmetros de distribuição da riqueza social em uma sociedade. Enquanto a pobreza absoluta, para a autora, é definida por parâmetros que apontam as baixas condições de vida das pessoas, ou seja, que estabelecem o limiar inferior de uma sociedade. Essas condições de pobreza vividas pela população colocam-na simultaneamente em situações de vulnerabilidade social, que nos últimos anos tem fundamentado a maior parte das políticas públicas ao redor do mundo.

Abramovay (2002) entende a vulnerabilidade social como sendo o resultado negativo da relação entre a disponibilidade dos recursos materiais ou simbólicos dos atores — sejam eles indivíduos ou grupos — e o acesso à estrutura de oportunidades sociais, econômicas, culturais, que provêm do Estado, do mercado e da sociedade. Nessa perspectiva é que a autora aponta a existência de três elementos essenciais à conformação de situações para enfrentamento de vulnerabilidade, nomeadamente: recursos materiais ou simbólicos; estruturas de oportunidades dadas pelo mercado, estado e sociedade; e, por fim, estratégias de uso dos ativos.

Por essa ótica, a autora conclui que o não acesso a determinados insumos — como educação, saúde, lazer e cultura — diminui as chances de aquisição e aperfeiçoamento específicos, os quais são fundamentais para que a população aproveite as oportunidades oferecidas pelo Estado, pelo mercado e pela sociedade, para ascenderem socialmente. Esse não acesso restringe também a capacidade de formação, uso e reprodução de recursos materiais e simbólicos, tornando-se fonte de vulnerabilidade e contribuindo para a precária integração dos sujeitos nas diferentes estruturas da sociedade.

A verdade é que a experiência de processos de exclusão, de desigualdade e de vulnerabilidade social, além de gerar privações materiais, fomenta entre os indivíduos sentimentos de desencanto e de frustração, concorrendo para a erosão ou o enfraquecimento dos laços de solidariedade (Abramovay, 2002).

Essa visão ilustra claramente aquilo que tem sido a proposta do capitalismo contemporâneo, que é a aculturação da individualidade, uma realidade muito bem conhecida em Angola, fragilizando a sua dimensão de sujeito coletivo. A falta de condições de acesso aos bens materiais na conjuntura atual faz com que muitos enveredem por caminhos que não dignificam a vida humana, ao contrário, presenciam-se situações em que muitos acabam por tirar a própria vida, o que contribui muitas vezes para os altos índices de suicídio no mundo.

No caso concreto de Angola, existe um forte processo estrutural de exclusão social, que pode ser verificado pelos índices de carência de acesso a condições mínimas de sobrevivência. Dentre os angolanos que vivenciam essas situações de exclusão, estão aqueles que vivem em pobreza extrema. Problema que permeia a sociedade angolana e, de certa forma, se apresenta como causa principal da exclusão. Essa situação de exclusão é fortalecida pela fraca governança, pelo conflito armado e pelas gritantes desigualdades e discriminações. Pode-se acrescentar a essa lista o flagelo da HIV/Sida (HIV/Aids) que vem ceifando nos últimos anos um elevado número de vidas humanas, principalmente na camada juvenil.

Carvalho (2008), ao analisar o contexto angolano, afirma que o excluído é não apenas aquele que não consegue superar as barreiras impostas pelo sistema de ensino ou pelo mercado de trabalho, mas também aquele que não adota os pontos de vista dos que estão no poder, que não venera o mesmo Deus, que não pratica os mesmos ritos, que pertence a outro grupo étnico, ou que tem cor de pele diferente. Nesse sentido, a exclusão social na sociedade angolana pode enquadrar-se nos estudos mais amplo das desigualdades sociais a que estão sujeitos indivíduos e grupos sociais em outras partes do mundo.

A exclusão social em Angola é um problema político, ético e moral que coloca a maior parte da população privada de emprego, de meios para participar do mercado de consumo, de bem-estar, de direitos, de liberdade e de esperança. Essa privação atinge principalmente os grupos de mulheres, de órfãos, de crianças abandonadas, de deslocados, de refugiados, de desmobilizados, de desempregados, de pessoas com deficiência física, e outros. Ressalta-se que esses grupos, em virtude de alguma privação específica — devido à sua etnia, ao seu gênero, à má nutrição na infância, à violência ou, mesmo, à negação secular de seus direitos —, são ainda menos capazes de usar oportunidades sociais, econômicas e educacionais ou de poderem se beneficiar delas, quando elas existem.

Pode-se afirmar, de um modo geral, que a exclusão social em Angola está intimamente ligada à negação de direitos de cidadania na trama das relações sociais, não permitindo que as pessoas vivam em condições dignas. Nesse sentido, a exclusão passa a configurar-se como sendo "um processo perverso na medida em que condiciona os excluídos a criarem situações que garantam a sua própria sobrevivência através do trabalho informal ou da ilegalidade" (Tsugumi, 2006, p. 21).

Ainda, vive-se em Angola aquilo que Wanderley dos Santos (1997) chama de "cidadania regulada", aquela que se limita apenas aos trabalhadores inseridos no mercado formal de trabalho, os quais se constituem em uma minoria, se considerar que a maioria da população economicamente ativa do país encontra-se no trabalho informal, sem direito a qualquer proteção social. Essa maioria situa-se na qualificação "cidadania mutilada", dada por Milton Santos (1997), para se referir àqueles sujeitos submetidos à negação de quase todos os direitos garantidos constitucionalmente e nos diferentes diplomas jurídicos nacionais e internacionais.

Isso mostra que vive-se em Angola uma realidade em que os direitos constitucionalmente consagrados permanecem sem uma aplicação efetiva. Os direitos fundamentais, como saúde e educação, ainda não alcançaram, a nosso ver, o patamar desejável de universalização, como o concebido na Carta Magna. Aliás, a proliferação dos colégios e demais escolas privadas, assim como de clínicas, pelo país afora, para usufruto daqueles que podem pagar, são exemplos e provas concretas dessa análise conjuntural.

A realidade ilustra que a redução significativa do quadro da pobreza, em Angola, "exige continuidade e intensificação de ações bem concebidas em termos transversais e intersetoriais" (Ana Dias Lourenço, 2011). Entende-se que, de certa forma, o programa de combate à pobreza existente no país ainda se encontra assente "numa perspectiva marginal e assistencialista, desvinculada das questões macroeconômicas, servindo mais à regulação ou administração da pobreza num dado patamar" (Silva, 2010, p.158).

Dados do Inquérito Integrado sobre o Bem-estar da População, realizado nos anos de 2008/2009 e divulgado em agosto de 2010, indicam que a incidência de pobreza está na ordem dos 36,6%. Quando esses dados são analisados em termos de áreas de residência, apontam a zona urbana com 18,7% e a rural com 58,3% (Ine, 2010).

Entretanto, colocam uma observação importante segundo a qual as estimativas de pobreza obtidas a partir dos dados do referido inquérito não são comparáveis com as obtidas em inquéritos anteriores, por causa das diferenças significativas na cobertura geográfica da amostra, dos instrumentos e dos períodos de recolha, bem como na metodologia de estimativas adotadas. Assim sendo, nessa obra trabalhou-se com a taxa de pobreza de 68% apresentada no documento referente à estratégia de Combate à Pobreza (Angola, 2005, p. 5), por estar mais próxima da realidade concreta do país.

Em relação à desigualdade de renda, o mesmo estudo indica que 59% das receitas estão concentradas nas mãos de 20% da população mais rica do país e somente 3% das receitas estão nas mãos dos 20% da população mais pobre do país (Ine, 2010). Ainda, segundo esse estudo, é nas regiões do centro-norte e sul do país — que compreende as províncias de Benguela, Kwanza-sul, Huambo e Bié — que se concentram as maiores taxas de pobreza da população angolana, como se pode observar no mapa a seguir:

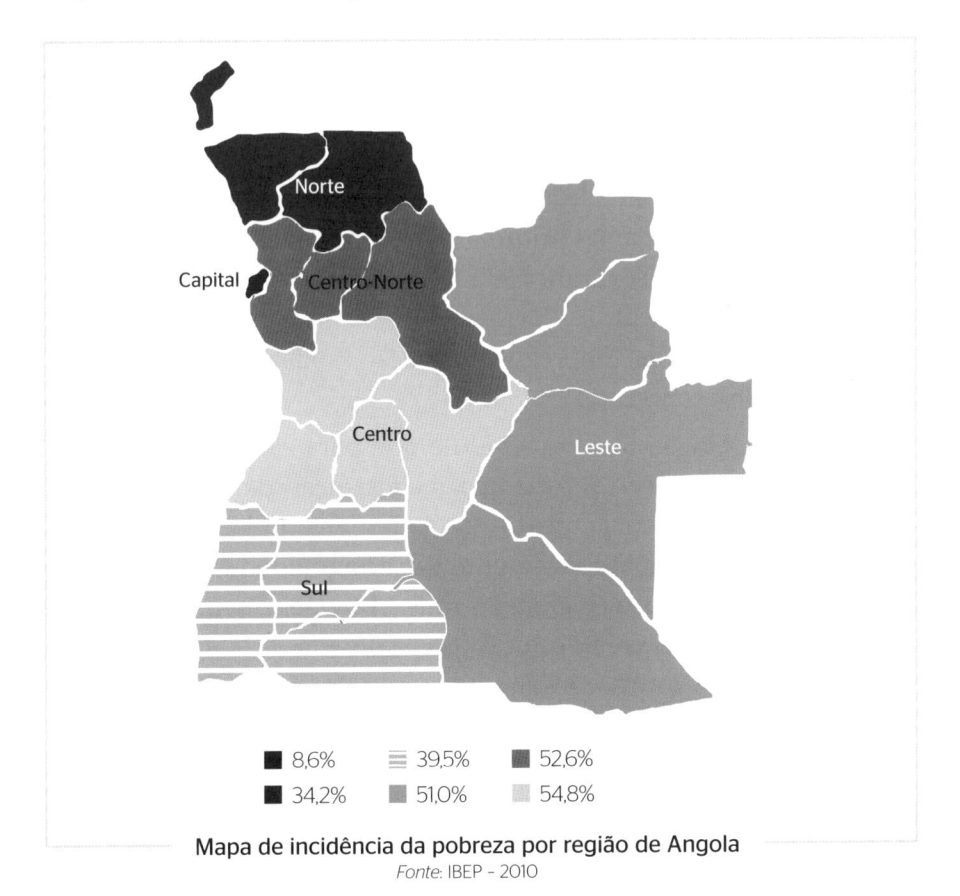

Mapa de incidência da pobreza por região de Angola
Fonte: IBEP - 2010

A Estratégia de Combate à Pobreza elaborada pelo governo angolano adota como concepção de pobreza "a insuficiência de recursos para assegurar as condições básicas de subsistência e de bem-estar, segundo as normas da sociedade" (Angola, 2005, p. 18). Compõem a pobreza a

"falta de capacidades humanas básicas, reflectidas pelo analfabetismo, pela má nutrição, pela mortalidade infantil elevada, pela esperança de vida reduzida, pela falta de acesso a serviços e infraestruturas necessárias básicas (saneamento, água potável, energia, comunicação) e, mais genericamente, pela incapacidade de exercer os direitos de cidadania".

Segundo o documento "é qualificado como pobre aquele que possui más condições materiais de vida, que se refletem na dieta alimentar, na forma de vestir, nas condições habitacionais, no acesso à assistência sanitária e nas condições de emprego" (Idem, 2005, p. 18). Como estratégia de combate à pobreza que afeta a sociedade angolana, o governo definiu dez áreas prioritárias de intervenção, nomeadamente: Reinserção Social; Segurança e Proteção Civil; Segurança Alimentar e Desenvolvimento Rural; VIH/Sida (HIV/Aids); Educação; Saúde; Infraestruturas Básicas; Emprego e Formação Profissional; Governança e Gestão Macroeconômica.

Porém, o que se tem percebido é que para essas áreas referenciadas acima o governo priorizou a reconstrução de infraestruturas como aeroportos, escolas, postos de saúde e estradas que, embora sejam os meios principais para atenuar as desigualdades existentes no país — principalmente as regionais — não abrangem, nem resolvem as necessidades mais concretas e imediatas da população, particularmente aquelas referentes a situações de sobrevivência. Os investimentos no capital humano mostram-se frágeis.

Com isso, o documento acaba por reconhecer que, além do conceito baseado nas condições materiais, há também definições mais abrangentes, que vão além das características do nível de rendimento ou consumo. Assim, o mesmo documento aponta que a pobreza é uma situação de privação e de vulnerabilidade material e humana, enquanto os pobres são vulneráveis a situações de crise política, ou econômica, para além de se encontrarem extremamente suscetíveis a doenças e a calamidades naturais.

Feliciano et al. (2008, p. 25), analisando a realidade angolana, afirmam que a pobreza coloca indivíduos e grupos em situação de mais exposição aos riscos e vulnerabilidade, impossibilitando-lhes ascender aos recursos, reproduzindo as situações de pobreza, agravando a sua exclusão social e econômica, afastando-os dos circuitos dos recursos da economia formal e, consequentemente, dos esquemas formais de proteção social. Ainda, para os autores, adicionalmente, concorre para a sua exclusão do exercício pleno de participação social e política, criando e aprofundando desigualdades sociais — uma realidade inquestionável em nosso contexto angolano.

Trata-se de um contexto em que os direitos se transformaram em ajuda, a participação, em tutela estatal, a justiça, em caridade e a condição de pobreza, em estigma que diferencia o pobre de todos os outros trabalhadores que estão supostamente capacitados para garantir sua sobrevivência com o fruto de seu trabalho. Isso não diz a verdade, pois o salário ínfimo que a maioria dos trabalhadores angolanos recebe não satisfaz todas as suas necessidades básicas para garantia de sua sobrevivência e de sua família, fazendo com que, mesmo que estejam enquadrados no trabalho formal, ainda tenham que exercer atividades informais para a complementação da renda, devido ao alto custo de vida e ao número de agregados familiares. Exemplo disso são os vários anos que a cidade de Luanda vem sendo eleita como a mais cara do mundo.

Essa desigualdade social não é um problema apenas de Angola, afeta atualmente a maioria dos países, principalmente os menos desenvolvidos. É fruto da distribuição desigual da renda advinda dos bens socialmente produzidos. Nesta obra partiu-se da perspectiva de que o problema da informalidade que envolve os jovens migrantes luandenses está intimamente ligado às gritantes desigualdades que se observam na sociedade angolana.

Segundo Azeredo (2010), do ponto de vista econômico e social, a desigualdade não pode ser pensada enquanto uma categoria em si, só tendo sentido se forem estabelecidas suas relações históricas e, estas, inter-relacionadas com os papéis sociais e as estratificações, que colocam os sujeitos em posição favorável ou desfavorável em termos de lugar social.

Muitas das desigualdades sociais, no contexto angolano, são herdadas do processo de 500 anos de colonização portuguesa. Essas desigualdades apresentam várias facetas, que vão além da simples disparidade de receitas. Dentre as formas existentes, pode-se enumerar a desigualdade de renda, as desigualdades regionais — a divisão urbana e rural —, as desigualdades raciais, de classe e de gênero, as desigualdades de acesso às políticas públicas e aos serviços sociais disponíveis.

As desigualdades raciais e de classe surgem, no tempo colonial, como consequência da divisão da população indígena entre assimilados e não assimilados, criando-se assim duas classes antagônicas, cujos traços penduram até os dias atuais. Assimilados era o título atribuído a quem os portugueses garantiam o acesso à educação (principalmente ao ensino superior, através das escolas do Estado e das escolas missionárias), ao emprego (como funcionários públicos) e que adotavam os valores e os costumes coloniais. Já os não assimilados eram os considerados indígenas. Estes tinham menos direitos que os assimilados: eram como que cidadãos de segunda categoria.

Essa divisão reforçou ainda mais as já difíceis relações entre os diferentes grupos etnolinguísticos que formam o mosaico angolano. Tratou-se de uma política que alienou, desintegrou, separou e marginalizou o povo, ou seja, criou desigualdades. Tal política, além do seu caráter desumano em relação aos nativos, contribuiu fundamentalmente para que estes mudassem as suas atividades produtivas e hábitos culturais. Por outro lado, causou uma divisão de classes e a marginalização de muitos, no seio da população indígena angolana (Cosisa, 2010). Devido a essa política, o modo de vida tradicional angolano — que compreende a língua, os costumes, a religião, os sistemas políticos e a perspectiva social — foi sistematicamente destruído, no intuito de o povo incorporar valores e costumes europeus.

Analisando a sociedade contemporânea de Angola, pode-se dizer que a "desigualdade racial e étnica continua a marcar o perfil socioeconômico do país e tem impacto na distribuição de renda e nas desigualdades regionais" (Idem, 2010, p. 50). Tal realidade indica que a lógica colonialista, baseada no fomento da intriga e do tribalismo para melhor reinar, foi mantida, pois, passados quase 42 anos de independência, essas questões tribais ainda estão patentes, principalmente envolvendo as diferentes formações políticas do país.

Isso é tão verdadeiro que estudos de pobreza e vulnerabilidade realizados antes do fim da guerra em 2002 — demonstram que existe pouca mudança na desigualdade tradicional encontrada sob o jugo colonial, quando as cidades costeiras recebiam a maioria dos investimentos de desenvolvimento do governo e as partes Central, Ocidental e Oriental do país continuavam sendo as mais negligenciadas (Cocisa, 2010, p. 46). Assim, vive-se no país uma realidade na qual o lugar de nascimento e de procedência é mais importante que o Bilhete de Identidade[11] que o configura como cidadão angolano.

A desigualdade de gênero, já nos tempos coloniais, traduziu-se na prioridade dada aos rapazes quanto à educação e à mobilidade social em detrimento das meninas. Essas deveriam ser preparadas para os trabalhos domésticos e assim, futuramente, serem boas esposas, cuidadoras de seus maridos e de seus filhos. Quando havia vagas de acesso à educação para as mulheres, na maioria dos casos, estas eram limitadas ao ensino primário, no intuito de fornecer-lhes o essencial para que depois pudessem contrair matrimônio. Outro aspecto visível da desigualdade social em Angola é o que Rocha (2010,

---

11. Equivalente ao RG no contexto brasileiro.

p. 20) denomina de assimetrias regionais, que persistem a cada ano que passa, exigindo do Estado políticas concretas e eficazes para sua superação. Segundo o autor:

> As assimetrias regionais são assustadoras, provocando uma estratificação social indecente e imoral ao relegar para planos secundários e terciários de consideração social e condições económicas de vida, franjas consideráveis da população. Existem situações de fome endémica em muitas zonas do país — condição, de resto, corroborada pelo Governo nos seus diferentes documentos de política económica — onde as acessibilidades materiais são inexistentes.

O mesmo autor entende que os fatores explicativos de tão fortes assimetrias no país são: a organização político-administrativa centralizada; a existente estrutura territorial desequilibrada (que tende a reproduzir-se em cada ciclo econômico); a tendência centralizadora na localização das atividades econômicas e produtivas empresariais privadas — explicada pela dimensão relativa do mercado da Grande Luanda em proporção ao todo nacional; e a especialização setorial de determinados espaços em face da sua dotação em recursos naturais.

Além desses fatores, o autor aponta também as décadas de guerra que acentuaram o êxodo rural e colocaram a migração em níveis nunca antes registrados no país. O modelo de crescimento aplicado desde a independência — centrado no enclave do petróleo e na exportação da maior parte dos respectivos benefícios econômicos —, a natureza da política econômica seguida até meados dos anos 90 e, finalmente, o comportamento político ostensivamente cego perante os problemas do interior do país explicam o estado assimétrico do crescimento econômico em Angola (Rocha, 2010, p. 18).

Essa situação tem contribuído para a persistência das desigualdades regionais. Isso é tão invisível quando se nota que as províncias que concentram os dois produtos considerados motores da economia angolana, responsáveis pelo crescimento econômico do país dos últimos anos, são as que menos apresentam desenvolvimento em quase todos os aspectos. Apropriando-nos das palavras de Rocha (2010), são as "províncias enteadas", alienadas da riqueza que produzem para engordar os bolsos de outrem.

Na visão do autor, só uma política regional com descriminação positiva em relação à captação de investimentos privados, concessão de subsídios para o desenvolvimento e implementação de investimentos públicos (estatal e empresarial) pode ajudar a reverter a situação e colocar as diferentes regiões do país à mesma mesa de repartição dos frutos do crescimento econômico (Rocha, 2010, p. 53). Por outro lado, o autor afirma que o investimento público é um dos melhores instrumentos que o Estado pode usar em Angola para mitigar as assimetrias regionais, promover sinergias econômicas regionais, consolidar a reconciliação nacional e tornar a economia nacional mais integrada.

A desigualdade, no momento atual, refere-se especificamente a questões de renda, de oportunidades de trabalho, de acesso à saúde, à justiça, à escola, à cultura, ao lazer, à segurança e à cidadania política. Segundo Oliveira et al. (2006, p. 64), as atividades culturais e de lazer ou voltadas ao mundo cultural "representam oportunidades privilegiadas para os jovens exercitarem a imaginação, a expressão oral, a criação, a sensibilidade estética, a ampliação do repertório, a relação com as artes, com as tradições, com a história".

Nessa perspectiva é que Tavares (2009, p. 242) afirma que "as desigualdades sociais são inerentes ao sistema de acumulação" em curso nas sociedades contemporâneas. No caso concreto de Angola, esse sistema de acumulação dá-se principalmente a partir da concentração de recursos na indústria petrolífera e nas atividades extrativistas de diamantes e, ainda, através da corrupção, da sonegação de impostos, do "apadrinhamento", entre outros.

Maciel (2006, p. 291) aponta que os estudos sobre a desigualdade têm-se dividido em torno das temáticas do trabalho e da exclusão como meios para uma explicação cabal da pobreza material de milhões de pessoas no mundo inteiro. Ademais, investigações sobre a reconfiguração contemporânea do capitalismo também têm procurado explicar o acirramento das desigualdades mundiais.

Entretanto, no caso concreto de Angola, além desses aspectos apontados acima, as desigualdades, inclusive a própria pobreza, teriam que ser analisadas por outros parâmetros e viés, que explicariam a contradição existente ao tratar-se de um país potencialmente rico e possuir uma população majoritariamente pobre. A superação dessas situações de pobreza passa principalmente pelo acesso à educação, ou seja, pelo investimento no capital humano.

Como já foi referenciado, a construção de novos estabelecimentos de ensino no país e a reforma de tantos outros possibilitaram o aumento da inserção de crianças, adolescentes e jovens no ensino público. Porém, esse aumento na oferta de vagas não foi acompanhado por um controle da qualidade da educação oferecida. Convém dizer que, em 2002, foi implementada no país uma reforma educativa que no entendimento de Pestana (2011, p. 129) teve,

> [...] como principal incidência a expansão da rede escolar, a melhoria da qualidade de ensino, a eficácia do sistema de educação e sua equidade. O que implicou a reformulação dos planos curriculares e a melhoria das condições do processo de ensino/aprendizagem, com vista a dotar o sistema de infraestruturas suficientes e bem equipadas, disponibilizando para os alunos manuais escolares em quantidade e qualidade e dotando de instrumentos de avaliação contínua, permitindo uma melhor valorização das capacidades cognitivas e criativas dos alunos.

Tal reforma comportava cinco fases, nomeadamente: Preparação (2002-2012), Experimentação (2004-2010), Avaliação e Correção (2005-2012), Generalização (2006-2011) e Avaliação Global (2012). O intuito dessa reforma era elevar a taxa de escolaridade bruta em 10 a 15 pontos acima da média dos países de Índice de Desenvolvimento Humano (IDH) médio e reduzir o número de alunos por sala de 35 para 20. A verdade é que muitos dos aspectos apontados na reforma não passaram do papel, condicionando assim a tão desejada pretensão e comprometendo ainda mais a qualidade do ensino. Tal situação é preocupante se se considerar que a educação é uma componente importante para a garantia da qualidade de vida da população juvenil.

De modo geral, a vulnerabilidade vivenciada pelos jovens no contexto angolano vem se traduzindo em altas taxas de desemprego, cujas cifras chegam aos 46% do total da população dessa faixa etária (Ine, 2017). E os que estão empregados, muitos deles enfrentam problemas de uma inserção precária no que se refere à garantia de direitos e à satisfação das necessidades básicas e de sobrevivência dos seus dependentes. Nessa conformidade, os jovens que estão no trabalho informal, na condição de vendedores ambulantes, expressam um aspecto da questão social que se verifica no mundo, e na sociedade angolana em particular.

Pode-se dizer que "são jovens que, apesar de atuarem na informalidade, se utilizam de sua força de trabalho em função da atividade que desenvolvem, neste caso da venda ambulante, com um objetivo específico, o de sustentar a si e sua família" (Lopes, 2010, p. 41). A esse objetivo, pode-se acrescentar que esses jovens, além de trabalhar para suprir suas necessidades básicas, o fazem para que sejam vistos e percebidos como dignos. Esse cenário, tão visível nas ruas de Luanda, assume maior expressão em horários que, com os engarrafamentos a disputa de espaço para a oferta da ampla gama de produtos evidencia a luta desses jovens pela sobrevivência — sempre com expressões de alegria e com o gingado que lhes é próprio.

Diante do cenário exposto, esses jovens, enquanto cidadãos, sentem-se na obrigação de reivindicar os seus direitos nos diversos campos da vida, como: educação, saúde, alimentação, emprego, etc., para que a Constituição possa realmente sair do papel. Não estão pedindo qualquer favor, mas reivindicando um direito, do qual estão excluídos. Têm que estar conscientes de que a condição de jovens vendedores ambulantes não lhes tira a dignidade de seres humanos e cidadãos legítimos do país, merecedores dos direitos consagrados na Constituição.

Claro que todo esse processo só se concretizará se realmente conhecerem seus direitos, pois não se exige o que não se conhece, daí a importância da busca de informações para qualificar suas lutas e suas reivindicações. Com isso, reafirma-se que a principal energia da luta é o reconhecimento das condições de vida e da necessidade de satisfação das necessidades concretas de existência, pois como bem afirma Telles (1990, p. 38), trata de uma sociedade

> [...] que resiste em reconhecer as classes populares como sujeitos de reivindicação legítima, que construiu uma peculiar concepção de cidadania que exclui a liberdade pública como valor político e que se confunde com o respeito à ordem e a autoridade, de forma que a reivindicação, a movimentação e os problemas coletivos sempre estão na fronteira daquilo que é percebido como transgressão, como desordem, como subversão ou ainda como convulsão.

A proibição de manifestações pacíficas, assim como a pressão sobre alguns cidadãos tidos como vetores de tais atos, são exemplos concretos do que se apontou anteriormente. Assim sendo, concorda-se com Telles (1993, p. 38) que, embora centrada na sociedade brasileira, faz uma análise na qual muitos dos aspectos são evidentes também em nossa sociedade angolana. Ela afirma que "o que espanta, sobretudo, é como o aumento visível da miséria — embora com o crescimento econômico galopante do país — não foi suficiente para a constituição de uma opinião pública crítica capaz de equacionar a questão da pobreza e da justiça social nos termos da cidadania, e não da tutela estatal", como vem ocorrendo na atualidade angolana, em que o direito virou favor que o Estado presta à população. Aliás, isso ficou muito evidente durante a inauguração de obras, em todos os ciclos eleitorais realizados em Angola.

Nesse mesmo sentido, Pastorini (2010) aponta situações em que a prestação de bens e serviços não é definida como direito de cidadania, e, sim, como uma dádiva ou uma concessão do Estado, do capital ou dos partidos políticos, etc., reiterando as desigualdades, a exclusão e a subalternidade. Assim, continua a autora, os usuários, portadores de direitos, são reduzidos a beneficiários, assistidos, requerentes, etc., que receberão os serviços e benefícios sob a forma de políticas sociais e/ou de programas compensatórios, paliativos e/ou auxílios temporários, emergenciais e focalizados.

Para melhor ilustrar essa afirmação, apoiamo-nos nas palavras de Telles (1990) que, apropriando-se de considerações feitas por Sposati (1988), afirma que as multidões daqueles que são classificadas como carentes não se constituem em interlocutores políticos e não mobilizam a opinião pública, já que, pela sua condição de vida, são excluídos da vida civilizada e, na sua relação com o Estado, são reconhecidos como necessitados e não como cidadãos. Ainda segundo a autora, as privações das condições materiais de vida da grande maioria são a contraface da ausência de um espaço público de pertencimento, em que seus interesses, razões e vontades possam ser elaborados e reconhecidos como problemas legítimos.

De modo geral, e de acordo com a realidade concreta de Angola, pode-se afirmar que as expressões da questão social nesse país se manifestam através da maior concentração de renda e de riqueza, da desigualdade social, da pobreza e da miserabilidade. Tal realidade torna-se evidente tendo em conta o número significativo da população — principalmente no interior das províncias — que concentra alto índice de desemprego estrutural, de modo particular entre os jovens e elevados índices de analfabetismo, de modo particular na camada feminina.

Esses fatos revelam a falta de políticas sociais eficazes e efetivas que contribuam para a diminuição do círculo de pobreza das camadas populares, bem como para a superação da exclusão social, econômica, política e cultural. Nesse sentido, entende-se que as políticas sociais, para serem eficazes, precisam estar articuladas às políticas macroeconômicas, de forma que garantam um crescimento econômico sustentado, geração de emprego, elevação da renda proveniente do trabalho e, sobretudo, distribuição de renda — que é altamente concentrada em Angola.

O trabalho informal, bem como as demais situações vivenciadas pelos jovens no país — apontadas ao longo desta obra possui íntima relação com as desigualdades e com o não acesso por esse segmento populacional à riqueza e à cidadania. Diante dessa realidade, pensa-se que o combate a esses problemas crescentes que envolvem os jovens requer políticas sociais públicas que busquem superar suas vulnerabilidades. Para tal, é importante tomar os jovens a partir de uma dupla perspectiva: por um lado, como receptor de serviços públicos na busca de equação das desigualdades sociais e da exclusão social; por outro lado, como ator estratégico no desenvolvimento de uma sociedade mais igualitária e democrática.

Sintetizando nossa abordagem, pode-se dizer que se apresentou nesta obra a pobreza, a exclusão, a vulnerabilidade e a desigualdade por constituírem-se em algumas das expressões resultantes da questão social que, de uma forma ou de outra, como bem afirma Yazbek (2004), permeia a vida das classes subalternas em nossa sociedade e com as quais nos defrontamos quotidianamente em nossa prática profissional. Por outro lado, essas expressões configuram-se igualmente em determinantes explicativas do envolvimento dos nossos sujeitos no trabalho informal, enquanto parte integrante do seu quotidiano.

Tais processos foram compreendidos sob a perspectiva da dinâmica capitalista, uma vez que a forma de integração social caracteriza os sujeitos a partir da posição que ocupam nas relações sociais. Nesse sentido, é que Yazbek (2004, p. 34) afirma que a

> pobreza, a exclusão e a subalternidade configuram-se como indicadores de uma forma de inserção na vida social, de uma condição de classe e de outras condições reiteradoras da desigualdade (como gênero, etnia, procedência, etc.) expressando as relações vigentes na sociedade. São resultantes de relações que produzem e reproduzem a desigualdade no plano econômico, político e cultural, definindo para os pobres um lugar na sociedade.

Diante do exposto, pode-se dizer, como já se apontou numa das passagens desta obra, que esses jovens, ao vivenciarem esses processos, têm, no trabalho informal — e mais concretamente na venda ambulante — alternativas e estratégias para sua superação. São processos cuja abordagem demanda que se considere em sua complexidade.

Por outro lado, adentrando na realidade vivenciada pelos sujeitos deste estudo, trabalhamos neste item as categorias de exclusão social — apontando suas contradições de abordagem a partir das perspectivas apresentadas por Paugam (2003), Castel (2006) e Martins (2007) — de pobreza, desigualdade e vulnerabilidade social, que além de melhor adequarem-se ao contexto dos jovens estudados, como evidenciam os seus depoimentos, cuja análise apresenta-se no capítulo a seguir, configurando-se de certa forma como explicativos do envolvimento destes no trabalho informal. Assim sendo, tais categorias são também percebidas como expressões da questão social, uma referência para o estudo do trabalho informal.

CAPÍTULO III

VIDAS VIVIDAS
histórias não contadas

3.1 Procedimentos metodológicos da investigação

A pesquisa que fundamenta esta obra foi orientada pela perspectiva do materialismo histórico dialético de Karl Marx, que permite ao pesquisador ir à raiz das causas que permeiam o objeto de estudo. Sua categoria central de análise dos fenômenos sociais é a totalidade, a qual possibilita conhecer as determinações sócio-históricas do fenômeno em estudo.

Entende-se que o objeto deste estudo, enquanto manifestação do enfoque social, só pode ser explicado com base no movimento histórico de confronto de interesses contraditórios, que trazem como consequência as desigualdades nas sociedades capitalistas. Como a realidade muda permanentemente, capturar seu movimento e a historicidade dos processos sociais implica conhecer as múltiplas determinações e relações dessa totalidade viva, dinâmica e contraditória (Pastorini, 2010). É no contexto dessa totalidade contraditória que se situa o trabalho informal, mais concretamente o comércio ambulante em que os sujeitos do presente estudo estão envolvidos.

Trata-se de uma pesquisa empírica fundamentada na abordagem qualitativa, a qual toma o contexto em sua realidade dinâmica e permite o contato direto do pesquisador com as motivações, atitudes, valores, crenças e tendências dos sujeitos (Triviños, 1995). A abordagem qualitativa "envolve aspectos objetivos e subjetivos de vivência das pessoas como sentimentos, desejos, opções de vida, atitudes, expectativas" (Berthoud, 2004, p. 44), bem como valores, crenças, costumes e práticas sociais quotidianas.

Por outro lado, a abordagem qualitativa incorpora "os significados que os próprios sujeitos atribuem à sua experiência social cotidiana" (Martinelli, 2005, p. 121). Para a autora, a realização deste tipo de abordagem demanda "necessariamente o contato direto com os sujeitos, pois se queremos conhecer a experiência social, modos de vida, temos que conhecer as pessoas, sem desvinculá-las de seu contexto" (Idem, 2005, p. 120). Esta é, de fato, a perspectiva desta obra. Assim, a abordagem qualitativa parte da realidade concreta dos sujeitos e a ela retorna, pela via da análise, de forma crítica e criativa.

Assim, além da pesquisa qualitativa proporcionar o contato direto com os sujeitos da pesquisa, permite também melhor compreensão das experiências, trajetórias e histórias de vida e de trabalho, bem como os significados que os sujeitos atribuem às suas vivências e experiências sociais quotidianas. Trata-se de um tipo de pesquisa que constrói momentos e espaços para que os sujeitos se expressem como seres políticos, culturais, sociais e históricos.

A pesquisa qualitativa desenvolvida para esta obra baseou-se na técnica de história oral, que consiste no registro da experiência vivida, no depoimento de um indivíduo ou de vários indivíduos de uma mesma coletividade. Nesta obra, assumiu-se como fonte oral aquela que se expressa por depoimentos orais, por centralizar-se nos fatos referentes à experiência dos sujeitos entrevistados. Segundo Lang (1996, p. 35), essa modalidade de depoimentos orais é usada na pesquisa qualitativa,

> quando se busca obter dados informativos e fatuais, assim como o testemunho do entrevistado sobre sua vivência em determinadas

situações, ou a participação em determinadas instituições que se quer estudar. No depoimento, busca o pesquisador referências mais diretas aos acontecimentos em estudo.

Para a autora, "nas Ciências Sociais o depoimento oral não tem o sentido de esclarecimento da verdade, mas de conhecimento de uma versão devidamente qualificada" (Lang, 2000, p. 124), diríamos nós, a partir de quem realmente as viveu de forma concreta. Nesse sentido, a história oral constitui-se de uma metodologia qualitativa que permite conhecer as realidades passada e presente, pela experiência e pela voz daqueles que a viveram. Não se limita à ampliação de conhecimentos e de informações, mas visa conhecer a versão dos sujeitos a respeito de sua vivência nessa realidade.

Nessa perspectiva, não se objetivou, nesta pesquisa, apenas valorizar as narrativas dos sujeitos, mas sobretudo quis-se dar centralidade a eles, procurando conhecê-los além dos rótulos, que são difíceis de tirar, ou seja, criar espaços e oportunidades de expressão, escutá-los sobre o que tinham a dizer acerca de sua condição e experiências de vida e de trabalho. Com isso, possibilitou-se que os sujeitos se revelassem, por detrás das estatísticas, porque os dados que nos forneceram têm rostos, têm vida. Ao mesmo tempo, esta oportunidade nos permitiu o desenvolvimento da nossa capacidade de ouvir. Porque como bem afirma Martinelli (2005), o que comanda a narrativa não é apenas a voz, mas a capacidade de ouvir, de escutar os sujeitos. São sujeitos que têm muitas histórias para contar, histórias que têm suas particularidades e temas que nos remetem a reflexões. Vidas vividas entre relações de violências.

A aplicação da técnica de história oral teve, também, o intuito de obter dos sujeitos, por meio de seus depoimentos, os significados que atribuíam as próprias experiências de trabalho, as contribuições e dificuldades encontradas, seus sonhos e suas perspectivas de vida e de futuro. É nesse sentido que Gallian (1991, p. 102) entende a história oral: como método e técnica de coleta de informações que "permite a invenção de um discurso que se estabelece na interação entre o pesquisador e narrador — nesse caso o sujeito —, enquanto sujeitos culturais e históricos e que recriam o passado a partir do presente".

Trata-se de uma técnica que, em nosso entendimento, permite captar o significado das experiências vividas por pessoas que compõem um coletivo, bem como as determinações que as levaram ao envolvimento em atividades relacionadas ao trabalho informal. A história desses jovens migrantes, trabalhadores informais em Luanda, expressa também a história de vários outros jovens que se encontram na mesma situação, na sociedade angolana, pois é a partir de sua singularidade que se pode visualizar a particularidade das experiências desse segmento da população e também a universalidade das diferenças de situação por questões de classe.

Como aponta Reis (2010), o principal recurso da história oral é a sua identificação com a outra história. Assim, as discussões em grupo, realizadas com os sujeitos do nosso estudo, permitiram a troca das diferentes histórias por eles vividas, dando voz às experiências silenciadas nos diferentes espaços sociais e políticos da sociedade. Com isso, as narrativas e os depoimentos destacaram experiências vividas pelos sujeitos, enquanto individualidade, e podem ser percebidas em seu sentido coletivo, particular e em relação ao meio social em que estão inseridos. Nessa perspectiva, valorizaram-se neste estudo as narrativas dos sujeitos no intuito de conhecer sua realidade em relação ao tema de estudo.

Tratando-se de um objeto que visa apreender o significado que os jovens migrantes e vendedores ambulantes atribuem à sua experiência de trabalho, não se poderia optar por outra abordagem que não a qualitativa, pois, como bem afirma Martinelli (2005), tanto a realidade quanto as relações humanas são qualitativas, ambas implicam sons, aromas, cores, arte, poesia, linguagem, os quais só podem ser alcançados pela mediação do sujeito e predominantemente de modo qualitativo, pois demandam atribuição de significados.

Para a autora, essa atribuição de significado apenas o sujeito é capaz de realizar, pois significados se constroem a partir da experiência. Assim sendo, nossa finalidade equivale àquela que sustenta a pesquisa qualitativa *que* "é conhecer a experiência do grupo pesquisado e os significados que atribuem a tal experiência" (Idem, 2005, p. 109).

A realização deste trabalho obedeceu a determinadas etapas. A primeira delas foi a coleta de estudos e informações referentes ao tema que pudessem dar fundamentação teórica ao trabalho. Essa coleta foi feita por meio de pesquisa bibliográfica e documental, que consistiu no levantamento, seleção e análise das referências bibliográficas e outros documentos afins, nacionais e estrangeiros, em diversas áreas de conhecimento, que se enquadravam nos objetivos e no caráter investigativo da pesquisa. Dentre o material consultado, constam: jornais, sites, artigos científicos publicados em revistas e periódicos de diversas áreas das ciências humanas, teses, dissertações, relatórios de pesquisa, documentos institucionais, etc.

A leitura desse material foi acompanhada pelo registro de seus pontos importantes, enquanto suporte teórico, numa ficha elaborada pelo pesquisador para esse efeito. Tais informações foram complementadas pela observação sistemática. O intuito foi dar mais praticidade ao estudo, realizando uma leitura crítica e o devido fichamento dos pontos considerados significativos dos textos que, posteriormente, subsidiaram as reflexões e análises. Essas leituras ajudaram na elaboração dos instrumentos de coleta de informações, principalmente do roteiro que norteou as entrevistas, realizadas em pequenos grupos e a observação.

A segunda fase consistiu no contato com a direção da Associação dos Amigos de Dom Bosco, sendo que a apresentação do pesquisador foi feita pelo padre Marcelo Ciavatti, que na altura era o pároco da Paróquia de São José de Nazaré, localizada no bairro da Lixeira, Distrito Urbano do Sambizanga, município de Luanda, pertença da referida associação. Essa Associação foi criada com o objetivo de congregar e dar suporte aos vendedores ambulantes, dentre os quais alguns foram sujeitos na pesquisa realizada e descrita nesta obra.

Nesse encontro, o pesquisador apresentou à coordenação do grupo a pesquisa pretendida e seus objetivos. Foi discutida também a forma de participação dos sujeitos. O pesquisador ainda esteve em outro encontro dos membros da Associação, em dia normal de suas atividades: um domingo, após a missa das 6h30 da manhã. Na ocasião, foi também realizado o contato inicial do pesquisador com os sujeitos, em que se tratou dos motivos da sua presença na reunião; apresentaram-se igualmente os objetivos da pesquisa e ressaltou-se a importância da colaboração destes no decorrer do estudo, principalmente nas entrevistas em grupos, que seriam realizadas com alguns deles.

A recepção foi boa, por parte dos presentes no encontro, o que deixou o pesquisador de certa forma mais confortado, sobretudo pela disponibilidade demonstrada em ajudar no processo de coleta de informações, assim como de participar nas entrevistas — como aconteceu efetivamente. Os primeiros contatos serviram mais concretamente para firmar os vínculos com os sujeitos, o que facilitou a realização das entrevistas e os contatos posteriores. Possibilitou, ainda, o encaminhamento das assinaturas das cartas de consentimento e autorização do uso de seus depoimentos na presente obra.

Enquanto se organizavam as entrevistas em grupo, decidiu-se manter contato direto com os sujeitos de pesquisa, por meio de observação em quatro pontos de maior concentração de venda ambulante da cidade de Luanda. Para essa observação, tomou-se como referência Prates (2004), para quem observar não é um simples olhar, mas destacar do conjunto aquilo que é específico, prestando atenção em sua característica: que é abstrair do contexto as dimensões singulares. Nesse mesmo sentido, Martinelli (2006) afirma que "os nossos olhos, dão-nos uma dimensão da realidade muito grande e nos abrem possibilidades de construir e reconstruir identidades e ações interventivas num movimento contínuo[1]".

As observações tiveram o intuito de apreender a realidade e, assim, nortear as questões das entrevistas. Entre os quatro pontos visitados, destacam-se os entornos dos mercados de São Paulo e dos

---

1. Comentário proferido em sala de aula pela professora Maria Lúcia Martinelli, na disciplina de Serviço Social: identidade e contemporaneidade I no dia 19 de setembro de 2006.

Congoleses, as áreas do largo 1º de Maio e as imediações da Rádio Nacional de Angola (RNA). Nesses quatro pontos, os vendedores oferecem uma heterogeneidade de produtos e ocupam de tal forma os espaços que alteram as características físicas e a imagem da cidade. Ressalta-se que as visitas de observação a esses pontos foram assumidas a partir do conhecimento da recomendação feita por Berthoud (2004) ao afirmar que a observação e a entrevista são formas de investigar em profundidade a realidade social.

Posteriormente, seguiram-se as entrevistas em grupos de cinco sujeitos previamente selecionados (exceto o grupo das jovens que teve 6 sujeitos), a partir dos seguintes critérios: ter de 18 a 35 anos (idade considerada para a definição de juventude, em Angola) e ter, no mínimo, cinco anos de vivência no comércio informal, mais concretamente como vendedor ambulante. Participaram das entrevistas em grupos jovens vendedores ambulantes, num total de 16 sujeitos. Nesta obra, a entrevista[2] foi concebida e utilizada como instrumento para captar as histórias que compõem as experiências e vivências quotidianas desses jovens, por se entender ser esta uma técnica de coleta de informações que possibilita maior interação do pesquisador com os sujeitos de pesquisa e permite captar as subjetividades das experiências dos sujeitos. Na verdade, a entrevista está presente em todas as formas de coleta de relatos orais, pois implica sempre um diálogo entre pesquisador e narrador, neste caso o sujeito de pesquisa.

---

2. Partindo do pressuposto de que as pesquisas que envolvem seres humanos devem atender aos objetivos sociais e padrões éticos, as entrevistas realizadas em grupo foram antecedidas da assinatura de documento previamente elaborado pelo pesquisador com a autorização e consentimento para a utilização de seus depoimentos na presente obra, obedecendo assim às normas da Resolução 196/1996, do CNS, propostas pelo Comitê de Ética em pesquisa, que dispõe sobre a necessidade de obter o consentimento livre e esclarecido para toda pesquisa que envolve seres humanos. A resolução assegura a garantia de esclarecimento aos participantes da pesquisa, dos procedimentos, riscos, benefícios; acesso aos resultados; liberdade de retirar seu consentimento a qualquer momento, sem prejuízo algum; a segurança do sigilo — quando necessário — e do caráter confidencial das informações obtidas no intuito de proteger a imagem dos participantes.

Na visão de Neto (2004), as entrevistas permitem obter informes contidos no diálogo dos sujeitos que participam da investigação e dados objetivos e subjetivos que possibilitam entender melhor os aspectos rotineiros, as relevâncias, os conflitos, os rituais. A entrevista é, também, para Vergara (2009), uma interação verbal, uma conversa, um diálogo, uma troca de significados, um recurso para produzir conhecimento sobre algo. Para essa autora, a entrevista, quando é adequadamente planejada, executada e interpretada pelo pesquisador, alimenta a investigação com informações coerentes e consistentes, conduzindo-o a conclusões adequadas.

Assim sendo, nas entrevistas procurou-se apreender como os sujeitos vivenciam suas relações de trabalho e familiares; como concebem suas experiências de vida, seus sonhos e suas expectativas para o futuro. Essas entrevistas em grupo configuraram-se como semiestruturadas e orientadas por um roteiro previamente elaborado que continha algumas questões norteadoras. Esse roteiro foi definido a partir do levantamento bibliográfico realizado ao longo dos primeiros dois anos do estudo e que possibilitou identificar os principais temas a serem abordados.

O roteiro, que norteou as discussões realizadas nos grupos, foi antecedido de um pré-teste com dois jovens vendedores ambulantes que não faziam parte daqueles contemplados pela amostra definida. O pré-teste teve o intuito de evidenciar possíveis falhas ou lacunas, inconsistências, complexidades das questões formuladas, ambiguidades, perguntas embaraçosas, linguagem inacessível, erros, e até mesmo a necessidade ou não de acrescentar mais algumas questões que se mostrassem importantes para o êxito da pesquisa.

Por outro lado, o pré-teste possibilitou aumentar a confiança e a validade do roteiro como instrumento de coleta de informações em relação à finalidade da pesquisa e à realidade dos sujeitos — embora tenha partido do pressuposto de que mesmo que a realidade quotidiana seja a mesma para todos, cada grupo ou pessoa recebe-a do seu modo. Nesse sentido, para cada um, a realidade é um mundo que tem suas singularidades.

As três sessões de discussão em grupo foram compostas de cinco jovens cada, no grupo de rapazes, e de seis jovens no grupo das moças. A constituição desses grupos, ou seja, a escolha dos sujeitos que participaram das discussões foi feita de forma intencional, contando com a ajuda de um dos coordenadores da Associação que melhor conhecia o grupo. A primeira sessão aconteceu no dia 18 de abril de 2010, com jovens do sexo masculino, que na altura ainda exerciam a venda ambulante; a segunda sessão ocorreu no dia 20 de junho do mesmo ano, desta vez com os jovens ex-ambulantes; e a terceira e última sessão realizou-se no dia 29 de agosto de 2010, com os jovens do sexo feminino, que também naquela altura ainda exerciam a venda ambulante.

A divisão por sexo, dos grupos dos jovens que participaram das entrevistas, foi uma proposta da própria direção da Associação por causa da cultura angolana em relação à diferença de gênero (quando há predominância de homens, as mulheres se calam), pois, assim, possibilitaria às mulheres falarem de suas experiências com mais tranquilidade e confiança.

Neste estudo, os jovens que participaram das discussões, com suas narrativas, puderam construir e reconstruir suas realidades social e individual, seu presente e seu passado.

Entende-se que conhecer a realidade concreta dos jovens migrantes em Luanda, suas experiências de trabalho e o significado por eles atribuído, bem como os determinantes que explicam o envolvimento deles na atividade ocupacional informal, passa necessariamente pelo diálogo que se estabelece entre os sujeitos que têm a mesma vivência, no encontro dos seus discursos e no cruzamento de seus universos culturais. Para facilitar o processo, as sessões em grupo realizaram-se aos domingos, no horário da reunião da Associação, numa das salas do Complexo Escolar Dom Bosco.

A discussão em pequenos grupos proporcionou a captação, por meio das trocas realizadas, de sentimentos, atitudes, crenças, experiências, reações dos sujeitos, já que todos eles vivem a mesma realidade quotidiana. Os assuntos foram abordados de forma muito mais enriquecedora, ou seja, de um modo que não seria possível com outras técnicas. As discussões em grupo permitiram "fazer emergir uma multiplicidade de pontos de vistas e processos emocionais, pelo próprio contexto de interação criado, possibilitando, desta forma, a captação de significados que, com outros meios, poderiam ser difíceis de se manifestar" (Gatti, 2005, p. 9).

No decorrer das discussões realizadas nas entrevistas em grupo, os espaços criados incentivaram os sujeitos a contarem suas histórias, suas dificuldades, seus problemas, seus sonhos, as violências que sofreram no contexto informal de trabalho. Também no decorrer das referidas discussões, foi permitida a inclusão de formulações de outros temas, por parte dos sujeitos.

Entre os assuntos abordados nas discussões em grupo, apontam-se, apenas para citar alguns: os motivos da saída das províncias de origem e do envolvimento na venda ambulante, os produtos comercializados, as dificuldades encontradas, os sonhos e as perspectivas para o futuro. Dentre essas informações recolhidas constam, ainda, aquelas relacionadas à vivência e à visão dos sujeitos sobre as questões que compõem a sua experiência de trabalho e a familiar, e ao significado que atribuem a elas.

As conversas e as discussões em grupo mantidas com os sujeitos foram gravadas e posteriormente transcritas, para garantir sua originalidade nas análises e, desta forma, "preservar o discurso e as expressões dos informantes" (Yazbek, 2003, p. 30), ou seja, para manter ao máximo as próprias expressões dos sujeitos e a sua maneira de encadear os fatos. Isto porque a transcrição conserva com maior precisão a linguagem dos sujeitos e a ordem que dão às suas ideias. Ressalta-se que todas as informações obtidas por observação foram devidamente registradas em um diário de campo, elemento imprescindível e complementar para a compreensão da totalidade do objeto estudado.

Após a pesquisa de campo, seguiu-se a análise dos resultados. Para tal, utilizou-se a técnica de análise de conteúdo, por se aproximar mais de nossa opção metodológica. A análise de conteúdo é uma técnica de organização, interpretação, compreensão e explicação da comunicação. Trata-se de uma proposta de sistematização e categorização de informações obtidas pelo discurso. Requer a ajuda da análise sócio-histórica para ultrapassar as evidências imediatas, e aprofundar a percepção das múltiplas determinações que conformam os fatos explicitados.

Nesse sentido, o conteúdo das entrevistas foi analisado a partir de categorias previamente determinadas, enquanto formulações reflexivas, intelectuais, existentes na realidade e expressão de "modos de ser, de determinações de existência" como as concebe Marx (1978, p. 121) em sua perspectiva ontológica e histórica. No percurso do presente estudo, que compreende a visão social de mundo por parte dos sujeitos — autores do material textual em análise — a partir das suas experiências no envolvimento com o trabalho informal e com a venda ambulante, a análise sócio-histórica foi feita a partir da contextualização dessa prática no universo da história angolana. Isso porque se entende que "é por meio da compreensão das dinâmicas que ocorrem na esfera do cotidiano que podemos encontrar pistas para pensarmos mudanças na sociedade contemporânea" (Gomes & Fernandes, 2008, p. 53).

Neste estudo foram definidas as seguintes categorias empíricas de análise: Educação; Desemprego; Trabalho e seus significados para os jovens vendedores ambulantes; Violência institucional versus discriminação; Repressão policial; Fatores determinantes do trabalho informal em Luanda; Guerra civil; Redes de solidariedade e proteção; Mudança de cidade — migração, sonhos e perspectivas de futuro.

Na análise dessas categorias, estão presentes tanto o trabalho intelectual de percebê-las a partir das categorias teóricas do método dialético — referidas à teoria que deu suporte à pesquisa: totalidade, história, contradição — quanto a partir da apreensão dos depoimentos como expressões de categorias empíricas, as quais emergiram das narrativas ou dos depoimentos orais nas entrevistas em grupos.

Essas categorias, no processo da compreensão da realidade, possibilitaram-nos apreender o fenômeno estudado como um todo, vivo, dinâmico e histórico, assim como permitiram-nos desvendar do real algo que não está explícito, que não é imediatamente verificado. Partindo dessa compreensão, entende-se que explicar a realidade não é só descobrir os nexos que a constituem, mas fazer um esforço no sentido de reconstituí-los no pensamento na busca "do concreto pensado, como síntese de múltiplas determinações"[3]. Neste estudo, buscou-se, sobretudo, compreender as estruturas complexas do objeto, da sua unidade na diversidade, nos sentidos dialético, dinâmico e contraditório de apreensão da realidade social.

As narrativas, ou os depoimentos orais, possibilitaram uma análise a partir do método adotado enquanto suporte teórico. Na perspectiva desta obra, o indivíduo que conta sua história, ou dá seu relato de vida, não constitui, ele próprio, o objeto de estudo, é a narrativa ou o relato "a matéria-prima" para o conhecimento sociológico que busca, através do indivíduo e da realidade por ele vivida, apreender as relações sociais em que ele se insere em sua dinâmica. Assim sendo, o foco dos depoimentos orais ou das narrativas não foi o entrevistado e sua vida, mas sua experiência de trabalhador informal e o significado dessa atividade nos âmbitos pessoal, familiar e social.

Segundo Martinelli (2005, p. 125), ao narrar, o sujeito se revela, organiza a sua memória e relata a sua história. Nesse sentido, fazendo uso das palavras da própria autora, afirma-se que esse trabalho se constitui em "um documento de inestimável valor histórico, social e político tecido com as histórias, das histórias que podemos conhecer através das narrativas dos sujeitos. São histórias plenas de vida, são vidas plenas de histórias, que dão visibilidade aos sujeitos, ao mesmo tempo que revelam as múltiplas determinações da questão social". São essas determinações sociais que esta obra apresenta: nesse caso, o trabalho informal e, mais concretamente, a venda ambulante exercida por jovens migrantes em Luanda.

---

3. Texto extraído da aula sobre A Relação Teoria/Método na Pesquisa Social, proferida pela Profª Dr.ª Myrian Veras Baptista no dia 9 de setembro de 2010, no Núcleo de Estudos e Pesquisas sobre Crianças e Adolescentes do Programa de Estudos Pós-graduados da Pontifícia Universidade Católica de São Paulo.

Por tratar-se de um trabalho baseado na história oral, mais concretamente nos depoimentos orais, a análise e a reflexão desenvolveram-se ao longo de todo o processo de estudo, ou seja, não se restringiram apenas aos aspectos apreendidos no decorrer das entrevistas em grupo, mas pela observação e pelos estudos complementares feitos, que permitiram dar historicidade e concretude ao trabalho no sentido dos objetivos previamente definidos.

3.2 O trabalho informal em Luanda: uma estratégia de sobrevivência

Historicamente, os marcos do surgimento do trabalho informal em Luanda, especificamente do comércio ambulante — que anualmente vem ganhando amplos contornos — são atribuídos aos anos de 1990. Essa atividade surge como alternativa de sobrevivência, principalmente daquelas pessoas que não encontram emprego no setor formal, em razão das transformações ocorridas no mundo do trabalho e do desenvolvimento tecnológico.

O trabalho informal em Luanda se desenvolveu rapidamente em resposta aos bloqueios provocados pelo sistema de direção central e planificada da economia no período pós-independência (Ducados & Ferreira, 1998). Esse desenvolvimento deu-se mais em empresas voltadas à prestação de serviços, principalmente no setor de comércio. Entretanto, urge apontar que a aproximação do Estado angolano em relação ao setor informal como área que merecia atenção foi algo recente, pois se deu mais precisamente em 2000, quando, em função dos estudos realizados pelo PNUD (1998/1999), que demonstraram a força desse setor na garantia da sobrevivência de parte significativa da população, foi emitido o Decreto 48/2000 que regulamentou o exercício da venda ambulante no país.

Precisamente nessa época é que se começou a falar da atuação da mulher fora do lar. Além da mulher peixeira — que já desenvolvia essa atividade da venda ambulante em Luanda —, começa-se a perceber, nas várias ruas da cidade, a existência de outras mulheres vendendo diversos produtos. Foi nesse cenário que, nessa cidade, as mulheres, principalmente das áreas periurbanas, começaram a desenvolver estratégias complexas que podem ser caracterizadas essencialmente como luta por sua existência, quer dentro ou fora do agregado familiar, com a finalidade de assegurar a sobrevivência de seus membros. Nesse esforço desesperado para manter a sobrevivência de suas famílias, as mulheres aumentaram simultaneamente sua criatividade e riqueza, passando a desfrutar, em alguns casos, de uma situação econômica bem melhor do que a dos seus maridos (Ducados & Ferreira, 1998).

Essa situação fez com que, em Luanda, no princípio, o trabalho informal, principalmente o comércio ambulante, tenha sido amplamente dominado pela mão de obra feminina. Relatório da OIT, publicado em 2005, aponta que os grupos mais vulneráveis e marginalizados da sociedade são também os mais suscetíveis de integrar o setor informal, principalmente as mulheres e crianças — caso visível na cidade onde, cada vez mais, cresce o número de jovens ambulantes de ambos os sexos (negociantes informais do mercado das ruas), que nos dizeres de Lopes (2010, p. 42) mesmo:

> [...] à margem de qualquer tipo de legislação que as proteja, na labuta diária, seja nos mercados informalmente institucionais e fixados em determinadas áreas próximas aos centros urbanos ou mesmo caminhando pelas ruas, de casa em casa, a gritar alto e em bom som, como se fosse uma canção, que a distância se identifica a qualidade e o produto a ser comercializado.

Portanto, em um mercado de trabalho cada vez mais exigente, a atividade informal tem sido uma alternativa à fome, à miséria e à exclusão. Esse país, que não tem resposta ao desemprego, cria um verdadeiro paradoxo: é rico, com uma população muito pobre, constituindo-se assim num exemplo dramático de como a riqueza em recursos de um país não se traduz automaticamente em prosperidade para a maioria do seu povo, mesmo depois da independência do poder colonial (Cosisa, 2010).

No entanto, essa atividade é combatida com medidas de repressão policial, como a dispersão, a detenção de vendedores e a apreensão de mercadorias, com a justificativa de que estes estão estragando a imagem da cidade — como evidenciam os depoimentos dos sujeitos contidos no item seguinte, onde vai se tratar desse assunto com mais profundidade.

Em Luanda, a situação do desemprego aumentou nos últimos anos, principalmente entre a camada juvenil. Há um número considerável de jovens na informalidade e, em razão disso, houve significativo crescimento da precariedade de suas condições de vida e de sobrevivência. Essa realidade representa, de alguma forma, a regressão da garantia dos direitos sociais e a ausência de proteção social, principalmente para aqueles que buscam novas alternativas de sobrevivência nas várias ruas que compõem a estrutura geográfica da cidade.

Convém assinalar que, nas novas exigências do mundo do trabalho, a escolaridade é apenas mais um critério entre outros — como idade, idiomas, conhecimento específico, conhecimento geral, competências — para os processos seletivos, devido à grande quantidade de mão de obra para poucos postos de trabalho. Também é importante assinalar que o desemprego ocorre por fatores relacionados à forma de organização política, econômica e social do espaço em que os jovens vivem e tem a ver com o estágio em que se encontra o capitalismo mundial (Pereira, 2003).

O trabalho informal está intimamente ligado ao capitalismo. Tal visão fica evidente nas palavras de Costa (1989, p. 28), ao afirmar que o trabalho informal se encontra agora mobilizado a serviço do capitalismo, "preservando, apenas em alguns casos, a relação direta do produtor com o consumidor, o que permite que o preço do produto seja repassado sem o processo de especulação usual, visto que não há, como regra, taxas, impostos ou licenças a pagar".

Martins (2002), quando analisa as condições de vida das populações de baixa renda, considera que o desemprego não é consequência apenas da mudança dos padrões produtivos, mas também resultado da ausência do Estado no processo de regulamentação do mercado e das relações entre trabalhadores e empresas. Nessa perspectiva, em Luanda, há que se exigir do Estado mais responsabilidade, uma vez que essa situação compromete a vida de milhares de pessoas.

O trabalho informal, especificamente o comércio informal à porta ou em pequenas "pracinhas", é o principal responsável pelo sustento familiar de um crescente número de pessoas. Nele, a renda familiar varia de US$ 1, 5 até US$ 7,0 diários, o que é insuficiente, principalmente quando se trata de famílias geralmente numerosas — essa renda não permite duas refeições diárias para a maioria, principalmente em Luanda, cidade considerada, nos últimos anos, a mais cara do mundo.

As evidências empíricas, por sua vez, apontam que a contribuição das atividades informais tem sido de "possibilitar apenas uma renda necessária à sobrevivência dos trabalhadores" e a inserção destes no mundo do capital, na medida em que "contribuem para que se efetivem a circulação e o consumo das mercadorias produzidas pelas empresas capitalistas" (Alves & Tavares, 2006, p. 432- 433).

Essa visão foi antecipada por Alves (2001), ao apontar que as tendências 'mais recentes' — relacionadas à época em que escreveu — indicavam que as ocupações informais têm um papel muito importante, não apenas por ocupar os interstícios deixados pelo grande capital, mas também por desempenhar outras funções no processo de acumulação capitalista. A autora analisa que essas atividades podem se concentrar na produção, nas áreas de comércio e de prestação de serviços, englobando desde os empregos familiares do setor artesanal, até os pequenos comércios e atividades ocasionais diversas.

O trabalho informal, ou melhor, o comércio ambulante, no contexto luandense, tem contribuído fundamentalmente para a sobrevivência da maior parte das famílias angolanas e, principalmente, dos jovens desempregados — inclusive de alguns que têm certa formação básica e fundamental. Em algumas famílias, essa atividade é a única geradora de renda. Para outras, e até para um número considerável de pessoas que trabalham na função pública e em empresas privadas, tem-se constituído como atividade complementar ao salário. De fato, é o setor informal que se torna o principal "empregador" da maioria da população, particularmente daqueles limitados em termos de habilidade, ou analfabetos, residentes em centros urbanos como Luanda (Cosisa, 2010).

Esse cenário nos leva a dizer que a inserção no trabalho informal ocorre por duas razões: movida pela estratégia de sobrevivência ou, em muitos casos, como alternativa de vida. Tal situação se explica pelo fato de esse tipo de trabalho possuir como característica a heterogeneidade, ou seja, encontram-se nesse trabalho informal tanto aqueles que estão inseridos por opção como aqueles que foram obrigados, pelas circunstâncias da vida, a ingressar nesse tipo de atividade, visando sobretudo à garantia da sobrevivência de si próprio e da família. Esse aspecto está bastante evidenciado nos depoimentos dos sujeitos, contidos no próximo item.

Diante do exposto, pode-se concluir que o trabalho informal se configura realmente como uma estratégia de sobrevivência em face da perda ou do não alcance de uma ocupação formal. Pode ser analisado, por vezes, como uma opção de vida de alguns segmentos de trabalhadores, que preferem desenvolver o seu "próprio negócio". Entretanto, essa estratégia enquadra-se naquilo que Santos (2009, p. 172) vai denominar de "estratégia perversa da vida". Isso ocorre na medida em que o trabalho informal é uma forma precária de sobrevivência, assumida pelo contingente de desempregados como a única maneira de objetivar a sua existência.

É quase um dado incontestável que no atual contexto da cidade de Luanda predomina o trabalho informal que, durante décadas, vem garantindo a sustentabilidade e a sobrevivência de um número considerável de famílias. Nessa ótica, Luanda, a exemplo de outras cidades africanas e do mundo, apresenta, segundo Lopes (2000), sintomas evidentes e diversificados de um processo de informalização crescente, que emprega, produz, distribui rendimentos e assegura a sobrevivência da maioria das respectivas populações.

No caso particular da mulher e, especificamente, da angolana, ela está sujeita e obrigada a desempenhar diferentes jornadas de trabalho, conciliando múltiplas responsabilidades, como cuidar da educação dos filhos, garantir a subsistência da família, aumentar a renda familiar. Essa situação foi evidenciada nos depoimentos dos sujeitos em relação ao que faziam além da venda, como se pode observar a seguir:

> Eu, além de vender, faço também serviço em casa e tenho também outras coisas a fazer. Mas nessas coisas de trabalho de casa, eu vivo com muitas moças em casa e antes de sair para ir trabalhar eu deixo tudo orientado [...] então, para cada pessoa eu divido o seu serviço, uma prepara a criança que vai para a escola, outra que leva a criança na escola. Então, quando há reunião na escola deixo orientações para uma delas ir, levar caderno, lapiseira e anotar tudo o que falarem. (T. C., zungueira, 25 anos).

> Antes de ir nas minhas vendas, acordo muito cedo, às 5 horas. Faço 'mata-bicho' e, ao mesmo tempo, faço o almoço porque não tem quem cozinhe. Deixo orientações para a minha sogra para que ela possa fazer as refeições e depois vou fazer minhas vendas. No caso do relacionamento com as minhas colegas na venda, nos damos muito bem, cada uma tem a sua vida (A. E., zungueira, 22 anos).

> Além das vendas, também faço os meus trabalhos de casa, acordo mais cedo. Tenho um cunhado mais velho que me ajuda a levar as coisas na bancada lá fora, arrumo, depois de arrumar vou levar as minhas duas crianças na creche onde passam o dia. E no caso das reuniões, eu mesmo é quem vou, por exemplo, na creche temos reuniões duas vezes, na primeira semana do mês e na última, então eu mesmo é quem me encarrego de ir para lá. Na hora que as crianças largam, o meu cunhado menor é quem vai lhes buscar. Nas vendas nos damos muito bem (M. N., zungueira, 26 anos).

Esse envolvimento das mulheres no trabalho informal reside no fato de que muitas delas acabam por assumir a chefia da família

— pois dados apresentados por Pestana (2010) ilustram que 23,1% das famílias angolanas são chefiadas por mulheres — devido à morte dos maridos durante o conflito armado, ou por sua ausência devido à constituição de outra família — sem prestar a mínima ajuda no sustento dos filhos da família anterior — ou, ainda, em muitos casos, devido à situação de desemprego de seus companheiros.

Em relação a esse aspecto, dados de um estudo realizado com 110 mulheres inseridas no trabalho informal em Luanda mostraram que o marido de 53,42% delas não exercia nenhuma atividade laboral; de 28,76%, o marido trabalhava por conta própria, de 9,58%, trabalhava no setor público; e 8,24% afirmaram que o marido trabalhava no setor privado (Manuel, 2010), ou seja, a maior parte dos maridos dessas mulheres estava desempregada, cabendo apenas a elas a responsabilidade pelo sustento da família.

Além disso, as mulheres sofrem discriminação em termos de acesso à educação, à formação e ao emprego — o maior número de desempregados recai sobre as mulheres —, o que faz com que elas se arrisquem mais do que os homens a optar pelo trabalho informal, mais concretamente, do comércio ambulante[4].

Essa situação da atividade majoritariamente feminina foi se mudando no decorrer dos anos, registrando e acolhendo também um número signficativo da mão de obra masculina, principalmente de jovens vindos das diferentes regiões do país, com mais destaque para as províncias de Benguela, Huambo e Bié que, devido a um contexto da guerra, de busca de melhores condições de vida, de desemprego advindo das exigências atuais do mundo de trabalho, não conseguem o tão desejado primeiro emprego no mercado formal e precisam trabalhar para se sustentar e as suas famílias[5].

Os produtos vendidos pelos jovens são, na sua maioria, adquiridos em armazéns de comerciantes libaneses, indianos e chineses existentes

---

4. Muitas vezes, aquelas que não se inserem no trabalho informal ingressam nas fileiras da prostituição, como forma de solucionar as várias privações de suas vidas.

5. Ressalta-se que as duas últimas províncias foram palco dos confrontos mais intensos da guerra pós-eleitoral de 1992.

na capital do país. Dentre os produtos comercializados, destacam-se: cabides de plástico e de madeira, malas de viagem, relógios, óculos de sol, sapatos, roupas, jornais, revistas, acessórios de automóveis e de celulares, aparelhos celulares, tapetes, cadeiras de quarto, bebidas, tábuas de passar a ferro, gasosas (refrigerantes), água engarrafada e em sacos plásticos, cartão de telefone (unitel, movicel, etc.), forros, entre outros.

Na sua maioria, os jovens não gostam de ser fotografados, por medo de represálias por parte da polícia e dos agentes de fiscalização do governo provincial que passam o dia a persegui-los de um lado para o outro.

Diante dessa realidade, concorda-se com Costa (1989) quando afirma que a cidade grande — como Luanda — é, para os indivíduos que deixam suas regiões, uma alternativa para suas dificuldades. A integração no mercado de empregos, nessa cidade grande, é também difícil e acaba fazendo com que o migrante busque novas alternativas de trabalho, entre eles, o comércio nos logradouros públicos.

Enfrentar essa inserção no trabalho informal, limita os jovens do usufruto dos benefícios do trabalho enquanto um direito básico que deve permitir o acesso não apenas aos bens de subsistência — alimentação, água, moradia, saneamento, cuidados médicos, vestiário, educação, transporte e energia —, mas também aos recursos tecnológicos e aos bens culturais e simbólicos de uma sociedade (Leon, 2009).

Isso porque, segundo o autor, o trabalho é entendido como uma das principais vias de realização pessoal e de construção de identidades, criador de relevantes vínculos sociais. Além de ser percebido também como fonte de criatividade e de inovação pela sua capacidade de produção de conhecimento, ciência e tecnologia, possibilitando às sociedades contínuas modificações sociais, políticas, econômicas e culturais.

Diante desse contexto, entende-se que as experiências e vivências de trabalho e vida desses jovens são determinadas pelas trajetórias e tramas da cidade em que estão inseridos. Assim, pode-se afirmar que os jovens vendedores ambulantes constroem e reconstroem seus percursos, suas experiências de vida e de trabalho nas tramas do mundo social que os circunda, ou seja, sua experiência de trabalho "entrelaça-se com a experiência da própria cidade" (Telles, 2006, p. 192). Isso porque, ainda segundo essa autora, é na dinâmica da sociedade — feita na interseção entre a lei e a cultura, a norma e as tradições, a experiência e o imaginário — que se circunscreve a pobreza como condição de existência.

Porém, o surgimento do trabalho informal, no contexto de Luanda, tem outros determinantes, como a escassez de atividades remuneratórias e de perspectivas de futuro no meio rural, o que, de certa forma, contribuiu para que as populações migrassem para a cidade e se integrassem a esse tipo de trabalho, submetendo-se a viver em bairros com graves problemas de saneamento básico, falta de iluminação pública e urbanização. Essa situação é bem patente em Luanda, como se observa no primeiro capítulo desta obra.

É importante frisar também que o aparecimento do comércio e do trabalho informal em Luanda está intimamente ligado ao colapso de situações socioeconômicas que o país viveu ao longo dos últimos anos. Essa realidade evidencia o fato de que as pessoas envolvidas na informalidade são "sujeitos sociais que vivenciam no seu cotidiano a pobreza, a miséria, o desemprego estrutural, a informalidade do mercado, a moradia precária, a privação dos serviços de saúde e educação de qualidade, a expulsão do campo, a urbanização descontrolada e ao mesmo tempo agentes de processos sociais desiguais" (Melo et al., 2007, p. 37).

Diante desse pressuposto, acredita-se que o grande desafio no contexto contemporâneo angolano é a superação dessas desigualdades existentes, possibilitando, dessa forma, que todos, além de se beneficiarem do usufruto dos benefícios produzidos no país, possam igualmente ter acesso aos serviços sociais públicos e de qualidade, de modo que se efetive a "criação de uma sociedade de justiça e progresso social" contida no artigo primeiro da Lei Constitucional da República de Angola (CRA).

Para melhor compreensão dessa realidade aqui abordada sobre o trabalho informal em Luanda, apresenta-se, a seguir, a análise dos resultados obtidos nas discussões em grupo realizadas com os jovens migrantes trabalhadores informais, sujeitos do nosso estudo.

3.3 O significado do trabalho informal em Luanda para os jovens migrantes

Como se viu, Luanda é um contexto permeado pela exclusão social, pela pobreza, por desigualdades sociais e por vulnerabilidades e é nessa realidade que se encontram inseridos os jovens migrantes trabalhadores informais, cujos depoimentos serão analisados nesse item. Sua inserção no trabalho informal e precário, ou seja, a venda ambulante, constitui-se em expressão de sua luta por vencer os processos em que estão submersos, de modo a serem reconhecidos como pessoas dignas, tanto na família quanto na comunidade e na sociedade como um todo. Tem-se, assim, nos dizeres de Silva (2010, p. 157), um grupo social

> extremamente marginalizado do ponto de vista econômico, social, político inclusive cultural que tem se constituído em massas de trabalhadores autónomos ou assalariados com rendimentos ínfimos que os levam a uma vida precária e sem proteção social, considerados potencialmente perigosos.

Nas observações realizadas ao longo do presente estudo, foi possível perceber que a maior parte da população envolvida nas atividades informais, em Luanda, são jovens e, quase na sua maioria, provenientes de outras províncias do país, com maior destaque para as províncias do Sul, como Benguela — considerada a segunda cidade econômica de Angola, o que traz algumas inquietações — e, outras, como Malanje, Bié e Huambo. Ressalta-se que, em algumas dessas províncias, o conflito armado foi muito intenso.

Essa realidade ficou evidente nas nossas observações de campo e nos relatos dos sujeitos que participaram das entrevistas grupais, realizadas durante o período da pesquisa. De fato, dentre as províncias apontadas acima, Benguela é a que mais apresenta jovens ambulantes em Luanda, cerca de 70% dos jovens migrantes envolvidos no trabalho informal. Foi nesse intuito que se buscou saber o que explica o fato dessa província ser a 2ª economia do país e possuir essa porcentagem de jovens ambulantes na cidade capital. Para essa explicação, subscreve-se abaixo o depoimento de um dos sujeitos de pesquisa:

> De fato, Benguela é a 2ª economia do país. O que faz com que 70% de vendedores ambulantes em Luanda seja benguelense, deve-se primeiro à fraca formação da camada juvenil da província. Digo que as ruas de Luanda estão cheias de ambulantes porque o Governo está a trabalhar a 40% — porque se a juventude de Benguela estivesse a estudar e a trabalhar não teriam necessidade de vir para Luanda. O grande problema é que para entrar no Serviço Público tem que haver um esquema [uma indicação]. Diante deste cenário, os jovens preferem vir a Luanda trabalhar na zunga. Por isso, eu digo: tudo isto é por falta de emprego e por culpa dos governantes que não têm responsabilidades, não estão a ser bons pastores para a juventude. Dizia São Paulo a Timóteo: "Não se deve desocupar a juventude porque se não ocupá-la [os jovens] vão procurar o seu próprio divertimento". Já que o governo de Benguela não ocupa a juventude, eles encontram a sua ocupação. Se Benguela dessa formação e emprego aos jovens não haveria lógica neles virem para Luanda. Praticamente Angola é Luanda. (F. F. — ex-ambulante, 35 anos).

No depoimento, fica explícita a falta de emprego e de espaços de formação como principais motivos da migração dos jovens benguelense para Luanda, ou seja, a incapacidade da província de dar estudo e de empregar todos os jovens da província, atendendo ainda ao baixo nível acadêmico deles. Por outro lado, é importante ressaltar que essa escassez de postos de trabalho, que ocupe o tempo dos jovens sobretudo nas capitais de províncias, também contribui para o aumento do alcoolismo, da infração e da prostituição — já que a ociosidade (como foi apontada no depoimento) é porta aberta para muitas coisas —, assim como tem impedido muitos destes jovens a constituírem suas respectivas famílias. Analisando o contexto de Luanda, pode-se afirmar que a falta de programas e de políticas concretas que garantam a inserção dos jovens a curto prazo no mercado de trabalho abre muitas possibilidades de estes enveredarem por caminhos que posteriomente poderão comprometer seus futuros.

Dos 16 sujeitos deste estudo, 14 deles são provenientes de Benguela. Os demais entrevistados vieram de Malanje e Huambo. Dos que vieram de Benguela, 3 deles expressaram suas origens e situação nos depoimentos abaixo:

> Sou a M. N., tenho 26 anos, vivo com três filhos, marido e dois cunhados e sou da província de Benguela. Eu vim de Benguela para cá, para visitar a minha irmã, em 2000. Posta cá, comecei a trabalhar numa cantina do Dom Bosco durante 1 ano e meio. Depois, encontrei-me com o meu marido com quem estou até agora. Não estou a estudar, mas estudei até a 6ª classe.

> Sou a A. E., vivo com o marido, uma filha, a minha sogra e uma irmã, tenho 22 anos de idade e sou da província de Benguela. Estava a estudar mas parei em 2005 na 6ª classe. Saí de Benguela para cá porque vim visitar o meu irmão. Quando cheguei, comecei a trabalhar. Depois encontrei-me com o meu marido. Ele é da província de Kuanza-norte e ainda não me casei.

> Sou a G. N., tenho 27 anos, tenho três filhos, marido e sou da província de Benguela. Saí de Benguela para cá para trabalhar. O meu marido, nos encontramos [conhecem-nos] também aqui em 2000, até agora

> estamos juntos. Eu estudava a 4ª classe e ainda estou a continuar na mesma classe.

Tais depoimentos ressaltam, por um lado, o êxodo da população rural para as cidades, principalmente para a capital do país, em busca de proteção e segurança, de melhores condições de vida, de habitação e de emprego condigno. Esse êxodo é fortalecido pela ideia de que a cidade proporciona melhor qualidade de vida em relação à zona rural — o que não deixa de ser verdade, num país que investiu mais nas cidades, mormente na capital, Luanda, e menos nas zonas rurais. Essa opção do Estado criou grandes desigualdades, que são persistentes no país e cujas consequências tornam-se cada vez mais visíveis no atual contexto, causando um fosso social e uma desintegração socioeconômica nunca antes vista.

A vinda desses jovens para Luanda está ligada a vários fatores. Analisando os seus depoimentos, pode-se apontar que a atratividade de Luanda foi muito reforçada pelas disfuncionalidades que a guerra acarretou e que fizeram desta o grande destino das populações que devido ao conflito militar e movidas pela procura de melhores condições de vida deixaram suas regiões de origem.

Por outro lado, os depoimentos também ilustram outro dado importante: de que os jovens envolvidos no comércio ambulante, em sua maioria, têm baixo nível de escolaridade. Essa realidade condiciona a participação deles em processos decisórios, bem como na inserção ao mercado de trabalho que, como já se apontou anteriormente, tem-se mostrado cada vez mais competitivo e exigente. Definiu-se esse aspecto como dado importante por considerá-lo um elemento a ser tido em conta na elaboração e execução de qualquer política, programa, projeto ou serviço que seja dirigido às pessoas inseridas em tais contextos de informalidade.

Além dessas pessoas, outras também apresentam dificuldades para o acesso aos serviços sociais disponíveis. São aqueles considerados vulneráveis, em Angola, após o fim do conflito armado de 2002, nomeadamente: ex-militares e suas famílias, portadores de deficiência (vítimas de minas), crianças de rua, deslocados e retornados, e comunidades rurais com insegurança alimentar. Ressalta-se que Angola possui uma população estimada em 68%, que vivem abaixo da linha da pobreza, e 23% considerados extremamente pobres (Cosisa, 2010).

No caso concreto de Luanda, a questão da migração está intimamente ligada ao conflito armado que o país viveu durante três décadas. Sendo os jovens a maioria que constitui a população do país, foram também os que mais sofreram as consequências das décadas do referido conflito. Essa pode ser, ao nosso ver, uma das primeiras características que diferenciam as juventudes angolanas das demais juventudes do mundo. Essa visão é compartilhada por Tati (2009, p. 25), ao apontar que a juventude "foi a precursora e que mais sofreu nos conflitos, pois todos os exércitos beligerantes eram constituídos por jovens convocados compulsoriamente, ficando à mercê dos políticos, das estruturas militares, para defesa, devastação dos territórios, destruição e morte de seus compatriotas".

Foi neste cenário que muitos que hoje são jovens nasceram, cresceram e construíram suas identidades, num ambiente completamente marcado pela guerra, pela miséria, em situações adversas que exigiam destes capacidade criativa e estratégias de sobrevivência. Entretanto, há também uma certa ilusão dos jovens em viver na metrópole, mas tal ilusão da grande cidade começa a se desfazer à medida que eles vão se incorporando, cada vez mais, na estrutura e nas exigências do mercado de trabalho. Essa questão fica ilustrada no depoimento do B.D (zungueiro, 22 anos) ao afirmar que, *"Vivo em Luanda desde 2000. O que me fez vir a Luanda foi a ilusão dos outros. Passei muito tempo a ver os outros [...]".*

Esse depoimento ilustra de forma clara que as pessoas envolvidas nas práticas de trabalho informal fazem-no como uma estratégia de sobrevivência. Essa estratégia se opera tanto através da migração para os centros urbanos em busca de oportunidades econômicas quanto pelo ingresso no trabalho informal da cidade. Sem acesso a empregos formais, sem qualificações e sem as competências necessárias para competir no mercado de trabalho urbano, restam-lhes um campo de possibilidades muito limitado: ou a via da exclusão e da criminalidade, ou o retorno às comunidades rurais de origem e à mesma situação de pobreza, ou a sua inserção no mercado informal, como ilustram os depoimentos abaixo:

> De fato, o que a pessoa deve fazer é seguir o que eles fazem, senão [corre o risco de] seguir um caminho que te vai levar a 'gatunice'. Por isso, optei pela vida de ambulante, apesar de não conseguir muito, mas o pouco serve para sustentar a minha esposa normalmente (B. D., zungueiro, 22 anos).

> O trabalho de ambulante, de princípio, é importante, só que não é digno. É importante porque previne a pessoa de enveredar na vida de marginal. Já imaginou o que seria de mim se não fosse ambulante hoje? Seria um amigo de roubo, com pensamento de marginal ou algo que não sei! Só que nós não temos uma ciência. Senão seríamos pessoas submetidas a montar bombas para destruir quem está no poder! Por isso eu considero que se não tivéssemos este trabalho, que considero lazer através da zunga, teríamos uma mentalidade má e, iríamos contribuir para um mal (A. S., zungueiro, 28 anos).

Para aqueles jovens que não encontram em tal contexto uma perspectiva de futuro e oportunidades de ocupação, uma das alternativas encontradas e referidas nos depoimentos acima é a inserção em atos considerados ilícitos, principalmente na infração e no roubo. Isso pesa mais para os jovens que já têm famílias constituídas e sem as mínimas condições para sustentá-las, já que ainda são muito fortes os aspectos culturais que conferem ao marido a responsabilidade de chefe de família e, assim sendo, o responsável pelo sustento da mulher e da família de um modo geral, embora essa situação tenda a diminuir na atualidade, com o aumento do número de mulheres a assumirem a condição de chefes de famílias. De qualquer forma, aqui fica evidenciado como o ambiente social em que o ser humano está inserido influencia significativamente suas escolhas e as posições que toma diante das circunstâncias da vida.

É nessa difícil passagem para a maioridade que a infração surge no horizonte desses, pois "é esse o momento em que os jovens, se espelhando na vida de seus pais e vivendo os obstáculos que o mercado lhes impõe, podem questionar um projeto de vida estruturado em torno da família organizada e do trabalho regular" (Telles, 1990, p.45). É aí que o trabalho pode perder qualquer sentido positivo para esses jovens.

Entretanto, "apesar de tudo, a vida urbana, mesmo pobre, apresenta uma maior diversidade de possibilidades de sobrevivência e aspirações, tanto para os indivíduos como, sobretudo, para os coletivos familiares" (Feliciano et al., 2008, p. 24). No caso concreto de Luanda, seu processo de urbanização,

> não apenas tornou o pobre ainda mais pobre devido ao conflito, mas uma grande parte da população passou da pobreza rural com os seus próprios mecanismos de sobrevivência e estruturas de apoio comunitários, para enfrentar a pobreza urbana com questões básicas como o saneamento, superpopulação e falta de oportunidades de emprego formal (Cosisa, 2010, p. 49).

Essa realidade ilustra, por outro lado, a dificuldade que as pessoas têm no país de acesso aos serviços básicos — principalmente em setores vitais, como saúde, educação e habitação — tão necessários para que sua população viva dignamente. Situações apresentadas no primeiro capítulo da presente obra.

No que se refere especificamente aos jovens migrantes, urge primeiramente apontar que, a princípio, essa migração se justifica pela busca incessante de afirmação da vida através de estratégias, alternativas ou de novas formas de sobrevivência, enquanto espaços de oportunidades.

Em geral, a falta de oportunidades — principalmente de oferta de trabalho — estimula a mobilidade dos jovens em busca de outras formas de ganho suficientes para suprir os grandes custos de suas necessidades básicas pessoais e de sua família. Por outro lado, têm contribuído, em muito, para a migração desses jovens, questões relacionadas não apenas à falta, mas também à precariedade de condições de habitabilidade nos lugares de procedência, associada à falta de infraestrutura, em termos de educação, saúde e trabalho, como se pode observar no depoimento abaixo:

> Conforme ia dizendo, nós somos obrigados a pagar grandes custos pelo transporte, nos hospitais, em questões pessoais e nem sempre o trabalho do campo rende tanto quanto custam as necessidades. Como se observa nas nossas comunidades, que aquele que prática a zunga tem melhores condições do que o que vive da agricultura, é daí que surge a ideia de todos quererem zungar pelas ruas para garantirem o equilíbrio no patamar de vida. É assim que muitos [jovens] provenientes das províncias de Benguela, Huambo e Bié, e outras províncias do Norte, aglomeram-se em Luanda a vender pelas ruas como ambulantes para ver se as condições de vida mudam. Mas está difícil porque estamos a encontrar uma vida cara em relação à que vivíamos no campo, estamos a encontrar uma vida difícil de lidar — o nível do custo de vida que encontramos na sociedade de Luanda (A. S., zungueiro, 28 anos).

A migração é vista, portanto, por alguns jovens como uma possibilidade para reunir condições que lhes permitam viver com dignidade. Para muitos deles, partir para a cidade é seguir uma viagem de incertezas: não sabem o que vão encontrar. Partir é também uma tentativa de conquistar algo desconhecido. Essa linha de fuga traçada pelos jovens em direção à cidade não tem o sentido do medo ou da covardia, mas, como diz Deleuze citado por Sales (2006, p. 142), é uma ação, é uma forma de descobrir o mundo.

Segundo Sales (2006), a mobilidade da juventude para as grandes cidades tem um conjunto de explicações indissociáveis: a pobreza, a falta de oportunidades no campo, o desejo de maior autonomia, de mais liberdade para consumo, o mercado de trabalho mais atrativo e a ilusão de ter um trabalho seguro. Juntam-se a isso as transformações advindas da modernização do meio rural e a situação crítica do trabalhador do campo, que vê cada vez mais o seu mercado de trabalho diminuir.

Para alguns jovens, a cidade é vista como o lugar das oportunidades, pelo maior número de ofertas de emprego, de escolas, de lazer e mais acesso a bens e serviços. Por outro lado, reconhecem que existe muita concorrência e necessidade de mais capacitação para obter o que a cidade pode oferecer. Para outros jovens, a cidade é uma possibilidade de sucesso pessoal e, consequentemente, pode ser uma forma de habilitá-los a alcançar uma melhor condição de vida para sua família. Aliás, esse aspecto ficou bem patente nos depoimentos dos jovens vendedores ambulantes, sujeitos do nosso estudo.

Na visão de Sales (2006, p. 145), ao chegar à cidade, os jovens trazem expectativas e sonhos, mas logo são obrigados a enfrentar determinadas competências exigidas pelo mercado de trabalho. Por não atingir o perfil exigido — por exemplo, a falta de formação escolar e de domínio de informática — os jovens não conseguem emprego, e passam a se dedicar a outras formas de trabalho, como o trabalho informal.

Para essa autora, os jovens, ao chegarem à cidade, elaboram novas concepções, desejos e expectativas, como adquirir um emprego e melhorar as condições de vida, e, consequentemente, ascender socialmente. Muitas vezes assumem uma profissão diferente daquela que tinham na sua terra de origem.

Os depoimentos dos sujeitos apontam também outros motivos para sua migração para Luanda e para o seu envolvimento no trabalho informal. Apontam também para dificuldades que esse trabalho vem encontrando, principalmente em relação ao controle do Estado sobre uma atividade considerada inadequada para a conformação de uma 'imagem' evoluída da cidade, como será abordada mais adiante. Os relatos a seguir ilustram este fato e algumas outras dimensões da questão, que se consideram igualmente relevantes.

> Acontece que íamos observando que os primeiros que vinham para Luanda para este negócio voltavam em condições diferentes em relação aos que viviam na Província. Então, optarmos por vir fazer o mesmo para ver a vida melhorada. Mas nem sempre, da nossa zunga, resultam coisas boas, porque estão sempre a nos tirar [a policia] daqui e acolá e, apesar da procura de melhores condições de vida, continuamos com uma vida difícil (J. B., zungueiro, 27 anos).
>
> Estou em Luanda a procura de melhores condições de vida. As razões que estiveram na base da minha deslocação à Luanda são as necessidades de melhores condições de vida. Na província a minha ocupação era sobretudo atividade agrícola. Os produtos advindos dali eram pouco rentáveis pela fraca aderência. Os que se dedicavam ao comércio tinham mais dinheiro do que os que praticavam a agricultura. Foi por esta razão que tive que abandonar a agricultura para aderir à zunga. (A. S., zungueiro, 28 anos).
>
> Comecei a vender com 12 anos quando estava em Benguela com a minha mãe, ela me levava na praça para vender e depois comecei a me virar sozinha. A vida mesmo é assim. Muita gente prefere a vida de ambulante ou vender nas ruas, porque ele vai ao encontro do cliente. Porque se na zunga ele vende para 10 pessoas as vezes na bancada ele só vai vender para 2 pessoas e não vai conseguir satisfazer as necessidades dele. Então prefiro andar atrás do cliente, zungando. Tem pessoas que estudaram, mas por não terem emprego, preferem dedicar-se a essa vida, para aguentar a familia em casa, porque nem todos ambulantes são pessoas que não estudaram, tem mesmo pessoas que estudaram, mas por não terem emprego ele vai atrás do negócio para poder sustentar a sua familia (G. N., zungueira, 27 anos).

Há um elemento importante nesses depoimentos que é a desvalorização — se assim pode-se dizer — das atividades agrícolas e, com isso, está implícita também a desvalorização das zonas rurais. O que esses depoimentos também ilustram é que as histórias e trajetórias de vida da maioria desses jovens são marcadas por inúmeras perdas. É a partir do sentido dessas perdas em suas vidas que eles buscam alternativas e são criativos na definição de estratégias de sobrevivência para satisfação das próprias necessidades e de suas famílias. Isso para dizer que a busca da satisfação e da superação das necessidades e outras vicissitudes da vida transforma o ser humano.

Os depoimentos apontam ainda um dado importante que não pode ser negligenciado, que é o fato de boa parte dos sujeitos da pesquisa terem iniciado esse trabalho na infância e na adolescência, evidenciando a questão do trabalho infantil como uma realidade em Angola. Essa é uma das questões mais relevante na pauta dos países em desenvolvimento: o ingresso prematuro e precário dos jovens mais vulneráveis em atividades econômicas, com o consequente abandono dos bancos escolares, o que acaba por comprometer o desenvolvimento da capacidade desses jovens para toda a vida, perpetuando e ampliando o ciclo da pobreza em que se encontra imersa grande parte das famílias. Essas marcas, perdas e sofrimentos, principalmente causados pela ausência paterna ou materna e pela situação de guerra, estão explícitas quando falam de suas infâncias e adolescências, como se pode observar nos depoimentos a seguir:

> Digo que, por um lado, tive uma infância boa, porque fui acompanhado pelos meus pais que nunca se cansaram de me educar até atingir este patamar de ser jovem. Mas também tive uma infância negativa devido às consequências da guerra. Nasci em 1983 e, naquele momento, Angola ainda se encontrava em guerra. E eu sofri uma parte da guerra até 1992. Graças aos meus pais que me ajudaram bastante na minha caminhada, desde a adolescência até a juventude, que me educaram muito: como lidar com essa sociedade e com o próximo (A. S., zungueiro, 28 anos).

> Eu digo que não vim cá de criança e também não conheço o meu pai. A mãe dizia-me que: o seu pai deixou-te com 5 meses e, por causa da guerra, ele foi para outro município. Aconteceu que eles vinham juntos [a mãe e o pai], talvez tenham esquecido algo e ele disse que ia

> voltar na lavra para buscar a outra parte do produto — ali mesmo, os inimigos chegaram e mataram-no. Desde pequeno eu sempre cresci com a mãe. Com os 13 anos, decidi ir à cidade de Benguela e como na casa em que vivia tinha muita gente, não consegui estudar. Ao ver isso, decidi vir à Luanda. Mas aqui a vida de ser jovem é mesmo complicada (F. K., zungueiro, 25 anos).

> Desde criança eu sofri muito porque a minha mãe deixou-me pequeno. Fiquei com o meu pai e fui criado por uma mãe do outro, com todo sofrimento. Você pode ir à igreja, à escola e, obrigatoriamente, tens que ir à lavra trabalhar. Quando completei os 15 anos, continuei a viver com ela, mas era quase uma escravatura. Quando a minha mãe decidiu ir buscar-me na casa do meu pai, eu tinha 20 anos e era tarde e má hora. Com todo aquele sofrimento, chegamos onde ela vivia, a guerra entrou e, sem escolas, sem carros, tudo era sofrimento. Passei algum tempo lá, até 1992 quando recebi o batismo e, apesar da guerra e do sofrimento, cheguei cá em Luanda. Quase que a guerra é a mesma com a zunga. (J. P., zungueiro, 32 anos).

De uma forma ou de outra, a guerra afetou completamente a vida das pessoas, desestruturou famílias inteiras e limitou as possibilidades e oportunidades de um número incontável de angolanos, que hoje buscam sobreviver à custa de sacrifícios. Diante disso não faltaram heróis e heroínas que, mesmo diante das dificuldades e circunstâncias adversas, souberam educar os seus filhos, orientando-os sobretudo nos valores que consideravam fundamentais em sua relação com os outros. Esses valores, aos poucos, vão sendo substituídos em função das transformações que vão ocorrendo nas nossas sociedades, como se pode observar no depoimento a seguir:

> Hoje na sociedade angolana cada um se preocupa consigo mesmo e não quer saber do outro. Desta forma, como a nossa vida vai mudar se para conseguir emprego têm que ter padrinho na cozinha. Muitas vezes, mesmo os que têm Bilhete, têm dificuldade de conseguir emprego

> e, quando se fala em padrinho, em Angola, é preciso entregar algum dinheiro para que ele possa te empregar. E, mais, eles não querem que primeiro entres para depois dividir com ele o primeiro salário: tens que primeiro entregar a quantia que ele te solicitar. E, para você que vem do zero? Não é hoje. Em outros casos eles já têm os seus familiares que colocam nessas vagas. Pior ainda para nós que viemos de outras províncias e andamos por ai: é muito difícil (A. S., zungueiro, 28 anos).

Muitos dos nossos sujeitos — embora passados 16 anos de paz — entendem que nada mudou em suas vidas e, por isso mesmo, comparam o sofrimento vivido na guerra com aquele que tem marcado as suas experiências de trabalho na venda ambulante.

A vivência desses jovens na capital do país foi possibilitando-lhes a compreensão da realidade que anteriormente viviam, entendendo assim como a vida urbana é muito mais cara e difícil do que aquela que tinham no meio rural. Por outro lado, apreendem as consequências advindas das mudanças e transformações que ocorrem no atual contexto, trazidas tanto pelo processo da globalização como pelos meios sofisticados da comunicação que leva à valorização do ter em detrimento do ser.

Trata-se mais concretamente, conforme a visão dos sujeitos, da valorização do dinheiro, como algo que pode comprar tudo, até a felicidade alheia. Um dos jovens entrevistados fez uma interessante reflexão sobre o modo de trabalho com o qual decidiram 'praticar a vida' — a zunga —, fazendo sua correlação com a conjuntura social e histórica:

> Como surgiu a ideia de vender na zunga? Dizia meu pai na língua materna umbundu — o cabrito come o papel e a pessoa come o dinheiro. Em termos literários, significa que cada um deve comer aquilo que seu trabalho possibilitou. Por isso, eu digo que a comunicação social e a globalização também contribuíram para o surgimento da zunga. O mais importante é conseguir algo para a sua sustentação. Foi nesta perspectiva que um amigo que tanto andou por esta cidade de Luanda,

> nas coisas de brincadeira convidou-me a vir a Luanda, isto, desde 2004, lá vão 6 anos de zunga. Disse-me: nós, se temos casa, é porque, lá em Luanda, a vida é essa. E eu não digo que mudou, mas que está um pouco diferente do que quando éramos agricultores e [em relação à] agora que somos vendedores ambulantes. Foi assim que começou a ideia de vender na zunga. Apesar de aprendermos que o tomate produzido em Angola tem mais vitamina do que o tomate que passou na indústria, o nosso tomate custa mais barato que do exterior (A. S., zungueiro, 28 anos).

Normalmente, uma das vantagens apontadas ao trabalho informal é o fato de proporcionar às pessoas nele envolvidas a oportunidade de serem autônomas e poderem controlar o seu próprio horário de trabalho. Segundo Tavares (2002, p. 55), trata-se somente de uma falsa autonomia, marcada pelo desassalariamento e pela precariedade, mas onde o tempo de trabalho socialmente necessário continua determinante. Convém lembrar que essa é uma questão bastante relativa, uma vez que muitas vezes o horário de trabalho daqueles que estão no trabalho informal é mais elevado que daqueles que estão inseridos no setor formal — aspecto que ficou bastante evidente nos relatos dos sujeitos desse estudo, como se pode observar nos depoimentos a seguir:

> Acordo as cinco horas e vou tomar banho, mas se não tiver água, vou mesmo assim. As seis horas, começo a caminhar, porque vendo tapetes. Tapetes exigem acordar muito cedo. Aqueles que saem de manhã são os que mais compram. Você tem que acordar cedo e vendê-los àqueles que saem também cedo e, ainda que não tenham dinheiro, pelo menos no seu regresso após termos combinado a entrega do artigo e, ele, [a entrega] do dinheiro. Agora, o que entregas depois das oito, a que horas te vão entregar o dinheiro? É caso perdido. Conforme eu disse, nós vendemos até as 15 horas e, às vezes, até as 16 horas (F. K., zungueiro, 25 anos).

> Normalmente, acordo às 5h00, 5h30 e, de vez em quando, saio as 5h40. Vendo material escolar, nomeadamente borracha, cadernos, régua, lápis, lapiseira, cartolina, porta-mina, afia lápis, folha de 25 linhas. [...] geralmente, eu volto para casa às 22 horas. Isto deve-se ao fato de eu primeiro ir trabalhar um pouco, isto é, vender, e às 18h00 ir à escola. Momentos há que não consigo voltar para casa devido ao engarrafamento, então, prefiro ir diretamente e regressar àquela hora, assim sucessivamente (A. S., zungueiro, 28 anos).

Diante do contexto de desemprego, os jovens submetem-se a condições de trabalho por vezes penosas e enfrentam "longas jornadas de trabalho, contratos temporários e informais, baixos salários, poucos benefícios sociais, quando estes existem, capacitação mínima e falta de voz no trabalho" (OIT, 2010). O emprego não alcançou o status de valorização humana pelo trabalho, não foi possível "filiar" homens e mulheres conferindo-lhes a proteção a que deveriam ter direito. O trabalho consolidou-se sob o signo da informalidade, da precarização e da desproteção. Desse modo é que Azeredo (2010, p. 584) diz que o acesso à condição de empregabilidade desenhou-se como privilégio, e não como condição. De acordo com Madeira (2003, p. 9)

> Em última instância, e de forma bem suscinta, os índices de desemprego representam a falta de capacidade da economia de um país em oferecer todo o trabalho produtivo que a sua população deseja. Diferentes segmentos da sociedade apresentam dificuldades diferenciadas de acesso ao trabalho produtivo, por um conjunto diversificado de situações. Entretanto, os indicadores de desemprego juvenil sempre foram os mais elevados, não só no Brasil, como em todo mundo. O mais instigante é que essa situação persiste mesmo nos períodos de expansão económica.

Para uma compreensão melhor dessa realidade descrita acima, questionou-se os sujeitos de pesquisa sobre o significado e o sentido, em suas vidas, do trabalho que desenvolvem. Vários foram os aspectos levantados, tanto positivos quanto negativos. De um modo geral, ficou evidente que, apesar das dificuldades encontradas no percurso de suas experiências, há benefícios que valem a pena considerar. Os depoimentos a seguir possibilitam múltiplas interpretações e análises, mostrando as contrariedades desse tipo de trabalho nas histórias e trajetórias dos jovens migrantes:

> Devo dizer que este trabalho de vender, em si, é importante. Mas é bom que se diga que vender é bom e, ao mesmo tempo, é complicado porque, a pessoa anda a pé todos os dias e, apesar de que a pessoa se desenvolve fisicamente, é dicifil devido ao peso que levas. Vou vender porque passar o dia em casa não dá, porque há coisas que você precisa: comer, vestir e cuidar da família que está na sua responsabilidade. Então és obrigado mesmo a vender para não ficar assim. Como ia dizendo, se não tivéssemos esta tal oportunidade de zunga iamos ter uma mentalidade muita má, íamos contribuir para um mal. Então, eu não digo que é importante. Mas, é importante neste momento porque é algo que nos faz guiar neste sentido de vida. É importante só que não é digno para continuar e ter uma vida perfeita se assim posso considerar. (B. D., zungueiro, 22 anos).

> O trabalho da zunga é bom porque não tem outro por fazer. Porque a hora de ir trabalhar podes cair nas mãos dos bandidos ou nas mãos dos polícias. Quer dizer, é um trabalho cansativo mesmo. Quase é mesmo [um modo de] arriscar a vida. Por isso é que — se fores trabalhar e regressares no fim do dia e não te acontecer algum problema, e sem ser mexido pela polícia ou pelo bandido — agradeça a Deus. Por que há horas em que aparecem polícias e outras, em que aparecem bandidos. Por isso, é uma grande dificuldade vender na rua (J. P., zungueiro, 32 anos).

> A vida como ambulante foi difícil, mas valeu a pena, ganhei muita experiência. Foi difícil porquê enfrentamos muitas dificuldades. Nós tivemos muitas perdas de negócios e, na verdade, tivemos perdas [de produto]. Valeu a pena porque, no mínimo, tudo isso que eu vivi ontem, para mim,

> hojé já é uma história que tem vantagens e desvantagens. As desvantagens são, [ser] acusado, espancado e maltratado, as vezes por nada. A vantagem foi que, adquiri o que tanto desejei, que é a minha formação, o que me dá prioridade de fazer alguns cursos. A vida do ambulante é essa mesma: é ser mal olhado e mal visto, apesar de que, às vezes, você consegue obter alguma coisa (P. J. — ex-ambulante, 27 anos).
>
> Eu digo que não é muito importante porque é muito cansativo. Há vezes que nem sequer comes uma coisa boa, sem vitamina, às vezes não mata-bichas[6] e só almoças. Essa vida de corre e corre também prejudica a saúde. Isso para mim é difícil, é muito difícil mesmo você gostar dessa vida de zunga, porque acordar as 5 horas, ir à zunga e, para o mata-bicho, por exemplo, você só leva 250 kz. Às vezes o que você levou fica em kilapi[7]. Eu não posso negar o que os outros dizem, mas, para mim, é difícil. Eu não gosto deste trabalho (F. K., zungueiro, 25 anos).
>
> A vida de ambulante foi difícil, mas valeu a pena, digo isso porque ganhei muita experiência na vida. Com essa experiência toda já consigo narrar uma história para os meus filhos, de onde o pai passou, vim chegar e onde posso ir, e onde comecei, onde tirei os gastos para eles estarem crescidos, tirar a mesada para os gastos para a escola, comecei tudo daí. Eu espero que os meus filhos não passem onde eu passei, porque a história não pode ser repetitiva, espero que eles passem por outros caminhos (J. A. — ex-ambulante, 28 anos).

Como se pode observar, todos os depoimentos dos jovens acima mostram o contraditório que existe no trabalho informal, na medida em que entendem tratar-se de uma inserção que tem vantagens e desvantagens. Entre as vantagens apontam o fato de vivenciarem uma experiência nova em suas vidas e a viabilização de estudos e formação.

---

6. Café da manhã.
7. Venda a crédito.

Já em relação às desvantagens, dizem prenderem-se a questões relacionadas com a violência, a falta de valorização do próprio trabalho realizado, pois ao mesmo tempo que o trabalho é importante para eles, a valorização das outras pessoas é pouca. São praticamente mal vistos e mal compreendidos pela sociedade, numa clara demonstração da invisibilidade desse trabalho, pois "eles olham e não me vêm" (J. P., zungueiro, 32 anos).

Por outro lado, afirmam que esse trabalho só é bom porque não tem outro, pois além de prejudicar a sua saúde — em razão do cansaço — apresenta outras situações que são, ao mesmo tempo, vexatórias e perigosas. Configura-se, então, num modo apenas de amenizar a vida, os sofrimentos e a falta de perspectiva em relação ao futuro. Por meio desse trabalho os jovens estão expostos às ações da polícia e dos bandidos, as quais, muitas vezes, criam situações que afetam a dignidade de suas vidas, como pode-se observar no depoimento abaixo:

> Quando vendia, na cidade, sofri muito porque quando saía de casa para ir à cidade o coração já não estava no lugar e, se o negócio andasse bem, era de dar graças a Deus e só rezar. Já nessa parte, se não encontrasse com os fiscais, encontrava-se com os bandidos que, se não nos tirassem o negócio, tiravam-nos o dinheiro e voltava-se para casa sem dinheiro ou sem negócio (P. J. — ex-ambulante, 27 anos).

Os jovens acreditam que a verdadeira mudança de suas vidas vai ocorrer pela educação, ou seja, pela qualidade e aumento de seus níveis de formação acadêmica.

É importante apontar o fato de que esta atividade pode até garantir a sobrevivência momentânea, parcial ou total das pessoas nela inseridas, mas não é provável que tenha um alcance que supere a pobreza, a exclusão, a miséria e as desigualdades — processos esses que se consideram graves no contexto angolano, advindos de décadas da guerra civil que assolou o país e que deixou consequências nefastas para a maioria da população.

Em função desses fatos referenciados acima, o trabalho informal, mais concretamente a venda ambulante, tornou-se alternativa de sobrevivência para grande parte dos jovens, mas colocou-os em situações perversas e subalternas, trazendo contornos inaceitáveis e desfavoráveis para a construção de suas identidades e de suas trajetórias de vida.

Dentro desta perspectiva pode-se afirmar que o trabalho informal é visto como uma passagem: o que lhe dá sentido é o caminho que permite essa passagem. é um estágio transformador de vidas, de histórias marcadas por perdas sucessivas, possibilita inovações nos negócios e fomenta a solidariedade entre os vendedores ambulantes — sujeitos centrais deste estudo — aspecto que serão abordados com maior propriedade ao longo dessa obra.

De modo geral, a questão do trabalho informal, está relacionada a problemas de ordem socioeconômica em que se ressaltam dois aspectos fundamentais: o dever de sustentar a família e a necessidade de investir na própria formação — única alternativa apontada por nossos sujeitos para a superação do circuito de pobreza e exclusão social que permeia suas histórias e trajetórias de vida. Neste sentido concorda-se com Yazbek (2004, p. 39) que, citando Martins (1991), aponta que viver como excluído é a forma de inclusão possível em um mundo desigual.

É partindo dessa perspectiva que autora entende que as sequelas da questão social permeiam a vida das classes subalternas destituídas de poder, trabalho e informação e que suas ações e representações correspondem a uma realidade caracterizada pelo lugar que ocupam na trama de relações sociais. Assim, "os pobres representam a herança histórica da estruturação econômica, política e social da sociedade" (Idem, 2007, p. 22) — aqui, diríamos, da sociedade angolana.

Há um reconhecimento pelos jovens de que essa atividade que desenvolvem é também um trabalho digno como qualquer outro. Nessa reflexão comparam, inclusive, seus trabalhos com os dos homens que fazem o ordenamento dos arruamentos da cidade. Em uma das nossas observações de campo, um dos jovens disse: *"Nós também estamos a trabalhar como os outros, como esses que estão a arranjar os jardins e as ruas da cidade. Com o dinheiro que ganho nas vendas consigo satisfazer as necessidades de casa e investir nos meus estudos"* (zungueiro 1)

Em seus depoimentos por ocasião das observações de campo, os jovens relataram que estão na rua não por vontade própria, mas por circunstâncias de suas vidas: *"Não é nossa vontade vender na rua, mas a situação exige, pois muitos de nós temos famílias para sustentar e as mulheres não trabalham. A vida nos leva a vender na rua para garantir a sobrevivência da família, satisfazer as nossas necessidades e da família no geral"* (zungueiro 2).

E para fundamentar essa fala antes referenciada, o jovem ao seu lado diz: *"Não há emprego para os jovens neste país, por isso a venda ambulante não vai acabar assim tão cedo. Só se o governo oferecer emprego a todos os jovens"* (zungueiro 3). Um outro jovem que estava junto completou: *"Comecei a vender por falta de trabalho, não estamos a ver trabalho nenhum. O trabalho que é feito aqui é para poder remediar, conseguir alguma coisa e sustentar a família"* (zungueiro 4).

Ressalta-se que alguns dos jovens que estão envolvidos no trabalho informal, mais concretamente na venda ambulante, já trabalharam na construção civil. Aliás, esse tem sido o campo que, nos últimos anos — devido ao projeto da reconstrução nacional em curso no país — mais tem recrutado jovens. No entanto, muitos deixaram esse trabalho devido aos baixos salários que auferiam e por não aguentarem a espera para receberem o dinheiro no fim do mês. Essa diferença do trabalho formal e informal, mais concretamente, das vendas ambulantes, foi apresentada por um dos nossos sujeitos, como se pode observar no depoimento abaixo:

> A diferença que noto entre o trabalhar e vender na zunga consiste no fato de que, quem trabalha, apesar de mal ou bem, ao fim de cada mês tem sempre alguma coisa desde que tenha marcado a presença, ao passo que, quem vende depende das circunstâncias. Existem dias

> em que as coisas não andam e quando assim acontece [...] se existir algum amigo que te auxilie emprestando um valor [...] tudo bem, caso contrário, vai dormir com fome. Então, a pessoa que trabalha chega no fim do mês, recebe o valor que trabalhou. Há muita diferença com as coisas que eu vi no negócio e as coisas que eu estou a ver no trabalho. Estou a ver que é pior em relação a quem está no negócio, porque no negócio quando se sai e se ganha dinheiro, tiram-nos ou então perde-se o negócio, essa é a coisa que eu vivi na minha vida (P. J., ex-ambulante, 27 anos).

A precariedade vivida pelos trabalhadores informais em Luanda, além dos riscos — muitos deles inerentes à própria atividade informal, como a ausência de regulação e a desproteção social e outros referentes à violência policial ou à violência de bandidos —, estão também vulneráveis ao oportunismo econômico, à corrupção política, ao clientelismo e à violência do Estado, que muitas vezes se manifesta pela repressão, ou seja, pela expulsão sistemática destes das zonas consideradas estratégicas para o desenvolvimento de suas atividades. O governo atua expulsando-os ou deslocando-os das áreas mais valorizadas ou de futura valorização, confinando ou controlando aqueles que "põem em risco" a ordem no espaço público e no privado (Itikawa, 2006, p. 143).

De modo geral, ficou evidente nos depoimentos dos sujeitos da pesquisa que a relação entre os órgãos públicos — representados neste caso pelos agentes da ordem pública (policiais) e pelos homens da fiscalização do governo provincial de Luanda — e os jovens vendedores ambulantes teve sempre um caráter conflituoso. Os jovens denunciaram as agressões físicas e, inclusive, psicológicas sofridas, os negócios perdidos ou as "propinas" pagas aos policiais e agentes da fiscalização, os quais muitas vezes valeram-se do suborno como exigência para devolverem os produtos confiscados. Em seus depoimentos ficou evidente o fato de que quando não conseguem atender às exigências dos polícias, estes acabam por se apropriarem de suas mercadorias. A corrupção apontada por esses jovens tem sido um dos entraves, ao nosso ver, ao desenvolvimento do país. Essa denúncia fica mais evidente no depoimento a seguir:

> Angola, conhecido como um país corrupto. Digo isto porque o próprio presidente reconheceu isto e lançou a tolerância zero contra a corrupção. Sendo um país corrupto, nós temos tido oportunidade de receber a mercadoria das mãos da polícia por meio da corrupção. É que ele sabe que há zungueiros com negócio de qualidade — e grande — calçados, troca de dólar e a função pública paga menos, apesar de hoje estar relativamente melhor. Outras vezes, eles são rigorosos, quando o chefe manda: mandou, ele leva mesmo, assim passou a ser um emprego associado à polícia. Por isso, a zunga não vai acabar — e não acaba mesmo. Por outro lado, apesar de dizer que a zunga tem que acabar, eles sabem que não têm capacidade para empregar todo mundo que está na zunga. Por isso, se eu me encontro na rua não é simplesmente pela minha vontade, mas também porque a própria sociedade está a contribuir para que estejamos aqui (A. S., zungueiro, 28 anos).

Para minimizar as situações de pobreza, de vulnerabilidade e driblarem as inseguranças sociais, os jovens — mais concretamente as mulheres — envolvidos no trabalho informal acabam "tecendo redes de apoio, em geral com outras mulheres, e por meio dessas relações sociais com os mais próximos ocupam o lugar onde o Estado e o mercado não chegam, prestando relevantes serviços no enfrentamento das condições de pobreza" (Azeredo, 2010, p. 577).

Esse quotidiano dos jovens está marcado por aquilo que Veronesa (1998, p. 11) chama de violência institucional do aparato repressivo, aquela promovida pela própria polícia. Dentre as várias situações está o da necessidade de fuga constante da repressão diária dos agentes da Polícia Nacional e de homens afetos à fiscalização do governo provincial que, não raramente, é violenta; ou à negociação econômica da permanência no espaço público via corrupção, ou seja, via pagamento aos agentes, como nos ilustram os depoimentos a seguir:

Falar da polícia: é verdade que quando és encontrado, ela pode levar-te o dinheiro, as coisas e, caso não tenhas sorte, também ser preso e, para saíres, vais ter que pagar outro dinheiro. Para reiniciares, caso existir alguém que te faça o empréstimo, tudo bem, mas ainda assim ficas a rezar para que não te voltem a levar o negócio, porque a acontecer, é sofrer outra vez e, para seres solto pedem outro dinheiro. A verdade é que os zungueiros estão a passar mal (J. P., zungueiro, 32 anos).

Quando nos retiram as coisas — a polícia — nós não fazemos nada. Eles nos proíbem dizendo que não podemos vender coisas porque sujamos a cidade. Onde há agentes é onde justamente há maior concorrência. Quando retiram o seu negócio [suas mercadorias], se não tiveres sorte, também és levado e, ao chegar lá, te dão "porrada" ou mandam-te limpar o chão. São eles que andam à nossa traz [em nossa busca], principalmente quando se apercebem que o negócio que este vendedor está a levar é de muito dinheiro. Não são todos os polícias que apresentam na unidade as coisas que recebem, guardam para levarem para casa no fim do dia. Podemos dizer que se trata de roubo o que eles fazem — porque não levam as coisas para a unidade, simplesmente, guardam para eles (B. D., zungueiro, 22 anos).

Falar a questão da polícia, quanto ao seu comportamento, implica em falar do governo, porque o governo exprime-se pelos senhores da lei. Quando o polícia nos tira nossas coisas, não fazemos confusão, apesar de ficarmos triste — lamentamos no nosso interior, nunca tivemos princípio de agressão. Sucede que há alguns chefes que se enriquecem — nós avisamos que o presidente vai passar aqui e vocês ainda estão aqui. Então, retiram-te tudo e entregam a um grupo de jovens que eles mesmo criam e que passam a vender o que foi retirado, a um preço mais baixo. Posso dizer que o governo criou um conjunto de gatunos identificados. Então, esta atividade é um sacrifício. (A. S., zungueiro, 28 anos).

Digo que a vida de ambulante é muito difícil e a causa que aumenta o nosso sofrimento é mesmo a polícia, porque o trabalho em si, já é

> cansativo e a polícia aumenta o sofrimento porque tira-nos mais o negócio. A pessoa podia ter, se calhar, uma vida melhor e procurar um trabalho, mas sem estudo fica difícil. Até porque a vida sem escola não caminha, não há emprego (J. B., zungueiro, 27 anos).

A maioria dos jovens ambulantes já passou por essa repressão e perda de mercadoria, quem não passou, pelo menos conhece alguém próximo que tenha passado por estas situações ou transtornos que a vida ambulante os coloca. Quase todos os jovens algum dia tiveram os seus produtos retirados pela Polícia ou pelos agentes da fiscalização, mas, mesmo assim, não desistiram de continuar com as suas vendas.

Isso para dizer que eles encontram sempre uma forma de conseguir dinheiro para comprar nova mercadoria, para recomeçar — numa demonstração de resistência frente à posição do governo de acabar com o seu ganha-pão. Muitas vezes, a solução encontrada pelos jovens reside no pagamento de uma quantia monetária aos policiais para reaver a mercadoria retida, contribuindo assim para a perpetuação da corrupção que, pode-se afirmar, é já endêmica no país, como nos ilustra o depoimento abaixo:

> A polícia diz que não se pode vender na estrada e que, uma vez encontrado em boa fé, eles podem pedir-te dinheiro. Ora, ao fazer sempre isso, a pessoa não se desenvolve [seu negócio não pode crescer], porque esta atitude não acontece uma única vez, mas sim, pode repetir-se várias vezes durante a semana. Quando assim acontece, tens que receber emprestado algum dinheiro de outro e, depois de recuperar, devolver. Por isso é que estamos sempre por baixo. Há muita gente que diz que os que vendem pela rua são 'baldeados' [enrolados], têm razão. Por causa disso, a vida não vai em frente (B. D., zungueiro, 22 anos).

Diante desse cenário, concorda-se com Yazbek (2004, p. 39), ao afirmar que não há rupturas no quotidiano sem resistência, sem enfrentamento e que se a intervenção profissional do assistente social circunscreve um terreno de disputa; é aí que está o desafio de sair de nossa lentidão, de construir, reinventar mediações capazes de articular a vida social das classes subalternas com o mundo público dos direitos e da cidadania.

Por isso, partilha-se da visão de Costa (1989), segundo a qual os vendedores ambulantes de hoje já não podem ser vistos como uma presença "nefasta", como se ousadamente viessem macular a boa imagem de uma cidade em franco progresso. Eles são também, como a própria cidade de Luanda, confusa e contraditória, centro de negócios, falso oásis de emprego. Atuam nas ruas como um duplo refúgio: o mercador e sua mercadoria. Porém, servem ao consumidor que, privado de outros meios, entrega-se conivente a tão antiga forma de comércio.

A maior dificuldade dos jovens vendedores ambulantes tem sido a perda da mercadoria e a fiscalização apertada da Polícia de que são alvos. Há também o risco de serem atropelados pelos carros, porque muitos deles, para venderem os seus produtos, colocam-se entre os carros — algumas vezes em andamento. Ressalta-se que essa forte repressão para a retirada dos vendedores ambulantes nos diversos espaços espalhados na cidade de Luanda — onde os jovens fazem as suas vendas — não é acompanhada de alternativas de políticas públicas que pudessem realmente substituir a atividade por eles desenvolvida para a garantia da própria sobrevivência e de suas famílias.

Nesta vertente, percebe-se que o uso da repressão para acabar a venda ambulante passa a ser o recurso mais utilizado, porém "a expulsão em última instância tem eficácia nula, porque os trabalhadores acabam retornando aos mesmos locais e burlando a fiscalização" (Itikawa, 2006, p. 138). Isso acontece mesmo quando lhes é indicado um local para venda, porque muitas vezes esses locais escolhidos pelo governo não têm interesse comercial para os vendedores ambulantes. Tudo isso mostra claramente que "a violência é parte da injustiça e da ineficiente gestão da informalidade, que ganha contornos cada vez mais alarmantes" (Idem, 2006, p. 138).

Relativamente a essas ações da polícia, os jovens são conscientes de que é ilegal vender na rua, como se pode observar no depoimento desse jovem, que o fez por ocasião de nossa observação participante:

> Nós sabemos que é ilegal vender aqui na rua. Aqui não é espaço ou lugar para vendermos, mas não temos outras alternativas, temos que procurar formas de conseguir alguma coisa para colocarmos em casa. Pelo menos não estamos a roubar, estamos a trabalhar e a conseguir as coisas com o nosso próprio esforço. Por isso, arriscamos mesmo, nos recebem [retiram] as coisas hoje, mas amanhã voltamos de novo. (zungueiro 5).

Nesse depoimento há um aspecto explícito de que há certa resistência e persistência, pois apesar da forte pressão da polícia, dos agentes de fiscalização e da perda às vezes da mercadoria, eles insistem em continuar com o seu trabalho, numa clara demonstração da luta pela sobrevivência, não apenas deles, mas sobretudo daqueles que dependem do ganho advindo de suas vendas. No depoimento abaixo fica evidente essa resistência dos vendodores a esses atos de pressão perpetuados pelos agentes da polícia e de fiscalização:

> Quanto ao ato criado pelo governo, de retirar as coisas de ambulantes, em Luanda pode ser um bom princípio — porque eles podem ter uma ideologia, se calhar, de diminuír a população ao nível da província de Luanda. Se calhar ao usurpar e tirar as coisas do zungueiro pode ser uma forma de obrigar as pessoas a voltar [para suas terras]. Mas o governo está a esquecer uma coisa: está a criar mais conflito porque essas pessoas, quanto mais lhes retiram as coisas, mais elas se reforçam e voltam à mesma forma. Quer dizer, eles são cínicos e nós somos também cínicos, porque não temos outro lugar como alternativa e, [tem que ser] esse lugar, não há outro. Agora, o polícia só faz aquilo porque existe um chefe que manda, e como o chefe o manda, ele só tem que cumprir. Por isso, naqueles casos em que o chefe está distraído, há policiais de boa-fé que te dizem — sai já daqui, mas se o chefe o

> vir ou der conta, ele te leva sem querer. Mas algumas vezes eles são bons. Muitas vezes retiramos os nossos negócios nas mãos da polícia (A. S., zungueiro, 28 anos).

Apoiando-se em Itikawa (2006, p. 143), ao se analisar a realidade de Luanda, pode-se afirmar que realmente o uso da força para limpeza social nos locais ou pontos de maior influência e concentração dos vendedores ambulantes em Luanda é uma das características mais perversas da atuação direta do poder público na segregação de diferentes grupos sociais.

Tal realidade é uma clara demonstração do autoritarismo político reinante na resolução de conflitos. Por outro lado, é uma prova de que, em Angola, não estão consolidados os instrumentos democráticos que a própria Constituição — enquanto Lei Magna do país — garante aos seus cidadãos. Na visão de Chauí (2000), esse componente autoritário é um poderoso instrumento de manutenção das desigualdades.

Por outro lado, tal intensidade da repressão ao comércio ambulante que se registra em Luanda reflete, em certa medida, o peso da influência desigual das diferentes camadas da população nos canais decisórios. Na verdade, percebe-se que não há espaços de negociação ou pacto em larga escala. Ao contrário, há um investimento maciço no controle, na monitorização e na repressão, em detrimento de políticas efetivas de inclusão social para o segmento mais vulnerável da sociedade (Itikawa, 2006, p. 114).

Diante desse cenário afirma-se que o Estado angolano vê a questão social — no caso concreto do trabalho informal e da venda ambulante em particular — como "um caso de polícia", já que pensa tratar-se de uma atividade que deve ser combatida e reprimida, uma vez que desfigura a imagem e a dinâmica da cidade, quando a preocupação deveria ser de busca de alternativas que garantissem de forma digna a sobrevivência desses jovens.

A nosso ver, tal atitude mostra claramente a violação de direitos fundamentais do ser humano — sobretudo daqueles referentes à sua dignidade e sobrevivência — na medida em que são negados os meios de garantia de satisfação de suas necessidades vitais. Por outro lado, essa situação mostra que o Estado está mais preocupado com a imagem e com a dinâmica da cidade do que com a própria sobrevivência dos seus cidadãos, mostrando de certa forma que certas pessoas — cidadãos — estão relegadas a segundo plano, como homens e mulheres de segunda categoria.

Concorda-se com Costa (1989, p. 46) — em sua análise da sociedade brasileira, mas que pode ser aplicada à sociedade angolana — ao afirmar que mais que a estética da cidade, a preocupação do governo deve centrar-se na compreensão das causas que têm proporcionado o crescimento vertiginoso do comércio — causas essas que fizeram do comércio ambulante um fenômeno intrínseco ao contexto urbano atual.

Relativamente à questão da repressão policial, um dos motivos que têm sido apresentados pelos policiais e, mesmo, pelo Governo da Província de Luanda é o fato de existirem, no nível dos municípios que compõem a província, mercados, espaços onde os jovens podem praticar suas vendas. Por outro lado, o estudo também mostrou uma certa rotatividade dos vendedores ambulantes quanto ao espaço e pontos de venda, assim como na comercialização dos tipos de produtos.

Tal situação muitas vezes é propiciada pela relação de procura e oferta, assim como devido à rigorosa pressão dos agentes de fiscalização do governo provincial. Foi com base nesse pressuposto que se questionou os sujeitos de pesquisa sobre os motivos que os levaram a vender pelas ruas, uma vez que existem mercados espalhados pela cidade. Quanto a esta questão, eles responderam o seguinte:

> Para mim, uma vez que já existe mercado, as pessoas já não precisariam estar na zunga. Mas o que acontece é que no mercado o produto que estás a vender é difícil de ser comprado. Não se diz que é bom vender na zunga, mas eu já estou habituado a vender na zunga — costuma-se dizer que onde você trabalha é onde sai o seu pão. (F. K., zungueiro, 25 anos).

> Trabalhar no mercado é um atraso devido à renda [aluguel] da casa. Sem pagares a renda, o dono não te vai permitir viver na casa. Por isso, nos atiramos [vendemos] na zunga à procura de condições de vida. Adquirimos o produto dos vendedores do mercado onde é mais barato para revendermos na zunga e assim retirarmos um pouco de lucro. Por outro lado, vender no mercado em parte resulta aquela situação em que uns vendem e outros não, por isso é que muitos optam por andar pela rua porque ao caminhar aparecem diversos clientes. Outros tiram o produto no mercado, como querem ganhar o dobro ou triplo como acontece mesmo, não se submetem ao mercado, por isso vão lá longe onde os outros têm dificuldades de chegar (J. B., zungueiro, 27 anos).

> [...] é que no próprio mercado há muitos negócios iguais, então, a oferta de produtos é maior e a procura é pouca, o que faz com que haja produtos que podem demorar na minha bancada 3 ou 2 meses. Já o zungueiro não: o zungueiro vai buscar o produto no mercado para zungar onde a procura do produto é maior. É um grande passo no próprio negócio: não temos que nos preocupar em nos deslocar do Cazenga para o Roque — [o que] já é uma poupança do seu dinheiro. [Também] porque nós vamos ao encontro do cliente e não é o cliente que vem atrás do vendedor (L. J., ex-ambulante, 28 anos).

Já na visão de um dos sujeitos de pesquisa, o fato de os jovens venderem na zunga e não no mercado apoia-se em três vertentes:

> 1. A sociedade angolana tem algo que já se pode considerar cultural, que é o fato de não se viver do salário, ou seja, existem funcionários, mas que são indivíduos que eu considero "hematológicos" [sic], proprietários dos lugares. Nós, como somos oriundos das províncias, às vezes somos aqueles peixes miúdos comidos pelos peixes grandes, isto é, não temos lugar e, se os tivermos, somos obrigados a pagar o mesmo preço daqueles que têm negócios de grande dimensão e, como é óbvio, nem sempre conseguimos.

2. Existem muitos contrastes e são justamente estes que nos levam à zunga, ao encontro daquele que está à espera de nós. No mercado, há outros princípios botânicos também, quer dizer, uma coisa botânica[8]. Existe alguns segredos, se não, mesmo, feitiçaria: porque não se entende como é que, de manhã até a tarde, as pessoas só compram no seu lugar. O produto é o mesmo, mas parece que algo está escrito: comprem só aqui. São estas coisas que levam a criar a ideia de ir vender na rua. Então, para não pagar a mesma taxa entre os grossistas e retalhistas, entre os que vendem e os que não vendem, é melhor ir à zunga.

3. Outra coisa é que, se o governo quisesse saber as razões, daria conta. Porque, as coisas que estão no mercado, são dos mesmos dirigentes e, como nós não temos capacidade, somos excluídos — esta pode ser uma das razões que faz com que não aderimos à venda nos mercados. Se o governo quiser que todos vendam nos mercados, tem que criar uma política em que não haja rivalidade — o que não acontece na zunga. Quando um cliente te chama, ele é somente seu. Já no mercado, quando um cliente está na sua bancada, outro aparece e diz: esse já é meu cliente antigo! Mas não o conhece. Então, essa pessoa acaba o dia sem vender nada, mas é obrigado a pagar a mesma taxa. Também é bom dizer que, nos mercados, os lugares estão sempre cheios. Quanto maior é a procura de lugares, até os administradores dos mercados fazem disso um comércio e, quando se chega ao fim do dia, acabas por ter que dividir o lucro. Lhe dou o exemplo do mercado do Roque, onde há aquele que cobra o espaço e aquele que cobra pelo lixo. Quer dizer, por dia a pessoa é susceptível de pagar três ou mais vezes para a mesma pessoa e, ainda, veres o lucro dividido ao meio. Ao contrário da zunga onde você só tem a complexidade do fiscal e do polícia. Por isso é que muita gente recorre à zunga. Se existissem mais lugares nos mercados talvez fosse outra coisa (A. S., zungueiro, 28 anos).

Pelos depoimentos dos sujeitos de pesquisa evidenciou-se que não há espaços suficientes nos mercados que o governo da província

---

8. O sentido desse termo é ligado às questões da feitiçaria.

diz existir e também os que existem estão muito distantes da cidade e de suas residências, como é o caso do mercado do 30 e Panguila, neste último, onde foram transferidos os vendedores do mercado Roque Santeiro, tido como um dos maiores mercados informais de África.

Segundo os jovens vendedores é complicado se deslocar para esses mercados, pois muitas vezes gasta-se muito dinheiro com táxi para pouco negócio: *"Para chegar no Panguila você gasta quase mil e quinhentos kwanzas e chegas lá não vendes e se vender os gastos acabam por ser maiores que o dinheiro da própria venda"* (zungueiro 6). Por outro lado, os jovens entendem que os mercados estão cheios, por isso, que alguns produtos por eles comercializados não têm saída e, outros, só dão mesmo para serem vendidos na zunga*: "Por exemplo eu vendo forros de bancos de carros. Só dá para vender mesmo aqui na rua, porque os motoristas passam, veem o produto e compram. Até porque eles dificilmente vão ao mercado. Então, eu prefiro vir ao encontro do cliente"* (zungueiro 7).

Para os jovens, o trabalho que desenvolvem não tem sido fácil, pois, além das dificuldades e situações de pressão policial já apontadas, também têm que superar as questões de discriminação. Essas mesmas dificuldades e situações também foram vivenciadas e apontadas pelos ex-ambulantes — como se pode observar nos depoimentos a seguir:

> Na vida de ambulante eu já fui maltratado muitas vezes. O cliente pensa que quem zunga não é igual às outras pessoas, porque o negociante ou ambulante dificilmente anda limpo e em condições. Porque o trabalho dele é andar, não é de carro nem de outro tipo de veículo, é a pé, enfrentar todo tipo de lixo, enfrentar toda poeira, enfrentar os empurrões. Quer dizer, ele não está só a vender o seu negócio, mas também está a sofrer corporal e espiritualmente. Eu, por exemplo, já fui chamado de nomes que eu não consigo chamar a ninguém — isso, porque eu estava a vender. O cliente chama-me de maneira negativa, disparatou diretamente a minha mãe que não estava a vender e nunca foi vendedora. Então, para mim, ser ambulante é sofrer muitas consequências, disparates, chapadas, do nada. Te atacam e, do nada, te

recebem [tiram] o negócio, empurrões do nada, fui odiado e ignorado. (L.J., ex-ambulante, 28 anos).

As dificuldades que o zungueiro encontra na via — conforme as suas vendas — são várias. Porque aí, nós nos encontramos com várias pessoas de camadas variadas: pessoas ricas, pobres e miseráveis. E cada um tem a sua maneira de olhar o ambiente. Eu já fui olhado de maneira maldosa por muitas pessoas. Fui chamado por várias pessoas que não precisavam do meu negócio. Então, são estas dificuldades que encontramos. Não é só ser batido, ou ser mal falado, mal olhado, porque há clientes que te veem como um animal. Então, em vez de ser olhado como vendedor, eu era olhado como um marginal que, a qualquer altura, podia roubar (P. J., ex-ambulante, 27 anos).

[...] eu fui zungueiro e vivi muita discriminação na zunga. O cliente vem e pergunta: quanto é isso? É X. Você não entra, espera, e ele vai buscar o dinheiro e te fecha a porta na cara. Às vezes, ele dá o dinheiro pela janela e recebe o produto pela janela. Com isso, quem tem um bom nível acadêmico pode perceber como a discriminação é. As pessoas que me discriminavam eram minhas amigas, porque vendia secador de cabelo, para elas sem que soubessem que aquele dinheiro que me pagavam usava para pagar os meus estudos. Depois, deixei de ser zungueiro e entrei na vida da fotografia. Hoje algumas dessas pessoas são professores e quando me viram na sala de aulas assustaram. A Dra. Paulina Semedo — para quem eu já tinha vendido um secador e um micro-ondas —, no primeiro dia em que deparamos na administração da saúde, assustou-se. Ela me reconheceu e disse: de zungueiro para fotógrafo? Ela não acreditou e chamou outros doutores, colegas dela para passar o meu testemunho. Eu disse que estudava e as pessoas elogiaram o meu pensamento. É para dizer que muitos me desprezavam com quem diga esse nunca vai chegar onde estamos sem saberem o que eu fazia com o dinheiro que ganhava na zunga (J. A., ex-ambulante, 28 anos).

Foram notórias as dificuldades dos jovens vendedores ambulantes no seu dia a dia no desenvolvimento do seu trabalho. Tais dificuldades configuraram-se desde o perigo com os carros — pois colocam-se no meio, entre os carros, para poderem oferecer aos automobilistas os seus produtos — até a forte fiscalização da polícia, em seu esforço para que os jovens não pratiquem a venda em um determinado espaço.

> Na vida de ambulante, a maior dificuldade é a polícia porque, como dizem, ninguém pode vender mais na cidade. Nós temos esperança em uma eventual ideia do governo de empregar os jovens. Mas caso isso não aconteça, a zunga nunca vai acabar. Convém dizer também que Deus esta sempre conosco porque, neste negócio, ao andarmos daqui e acolá, muitos morrem. No fundo o que fazemos hoje é procurar formas de aguentarmos os filhos para que eles amanhã não estejam aqui como nós e que não sejam mais ambulantes (J. B., zungueiro, 27 anos).

> O maior perigo que encontramos na zunga, em primeiro lugar, são os carros. Isto porque, quando a policia esta a correr consigo, para atravessar a estrada tens que saber fazê-lo. A segunda, quando estás a passar ao lado de uma escola, pode aparecer alguém da escola e mandar o guarda te prender. E a própria polícia é uma das grandes dificuldades que encontramos. Por exemplo, fui ao São Paulo e encontrei uma senhora com um bebé nas costas a ser batida pela Polícia. O trabalho da zunga é bom porque não tem outro por fazer. Quer dizer, é um trabalho cansativo mesmo. Quase é mesmo [um modo de] arriscar a vida. Por isso é que — se fores trabalhar e regressares no fim do dia e não te acontecer algum problema, e sem ser mexido pela polícia ou pelo bandido — agradeça a Deus. Por isso, é uma grande dificuldade vender na rua (J. P., zungueiro, 32 anos).

> Sobre as maiores dificuldades, começo por dizer que nós somos angolanos como os outros, mas parece que somos excluídos porque, por um lado, o próprio governo não nos dá direitos, nós não vivemos o que se chama a angolanidade, não temos cédulas de identidade e,

> para conseguir uma delas, temos que pagar dinheiro. Se fores à casa de alguns dirigentes, hás-de encontrar ambulantes que foram atropelados e estão lá sem nenhuma documentação (A. S., zungueiro, 28 anos).

A vulnerabilidade no contexto das grandes cidades como Luanda é tida como sinônimo de precariedade urbana: desproteção a riscos ambientais, riscos sociais, como violência, e até riscos mais subjetivos. Assim sendo, a vulnerabilidade passa a ser vivida não apenas em função dos diferentes riscos aos quais os jovens vendedores ambulantes e trabalhadores informais estão expostos, mas também em graus diferentes.

Para superarem essas dificuldades, os jovens contam com o apoio dos seus colegas de trabalho que, estando na mesma situação, também vivem os mesmos problemas. São esses colegas de trabalho que configuram sua rede de proteção e solidariedade. Cada um deles é responsável pelo outro e isso ficou bem patente nas discussões em grupo, apesar de algumas vezes existirem algumas complicações nos relacionamentos entre eles.

No decorrer da discussão em grupo, o pesquisador solicitou aos jovens que falassem um pouco de como tem sido a relação deles com os colegas de trabalho. As respostas advindas dessa questão podem ser organizadas em dois grupos distintos. No primeiro grupo estão os que apontam dificuldades nas relações, muitas vezes por causa de situações que surgem no próprio ambiente da venda, sobretudo quando alguns, ao não venderem a sua mercadoria, entendem existir alguém no grupo que tem "forças ocultas" que impedem que sua mercadoria seja comprada.

> Vezes há que quando temos que fazer trabalho fora da empresa me deparo com muitos jovens que zungavam comigo e dizem olha o fulano agora que está numa grande empresa já não nos cumprimenta. Mas sempre existiu este relacionamento de saudar: como vai a família? a venda? Não tem nada de olhar raça, proveniência — se este é de que

província, Huambo, Bié ou Benguela. Não sou deste tipo de pessoa e, quanto ao relacionamento com os colegas de trabalho, praticamente, na zunga, só tive um colega. Atualmente ele se encontra na Bélgica a fazer engenharia. Na casa onde vivíamos, bastava alguém vender alguma coisa para os problemas começarem: que o fulano fechou a casa [...] que ele quer ser o único a regressar para a província [...] que ele quer que nós fiquemos cá em Luanda a zungar [...] na província, ele não tinha feitiço, mas é provável que tenha comprado cá em Luanda. Por isso, me separei deles (J. A., ex-ambulante, 28 anos).

A relação com os meus amigos vendedores, com os quais vivia, era boa com alguns e negativa com outros. Eu já fui acusado de feiticeiro: a minha mochila era revistada quase todas as semanas. Se fosse lá encontrado um pau, nem que fosse de fósforo, eu seria logo conotado e acusado: como você tem pau? Aquelas acusações sem sentido [...] aquilo acontecia porque é pensar coxito (pensar pouco) como se diz na gíria. É ter uma mentalidade muito baixa. Quem consegue mais é acusado de estar a puxar ou a prejudicar os outros, que é feiticeiro e, por isso, é que o outro não vendeu hoje. Então começa a briga entre nós. E isso acontece entre muitos jovens ambulantes. Isso não aconteceu apenas comigo, mas com os outros meus amigos, vizinhos, ambulantes. Não faltava pancada, disparates, pragas porque uns vendiam e outros não (P. J., ex-ambulante, 27 anos).

Eu, praticamente, com os meus amigos, quando vivia juntos, éramos 8 pessoas — se vendia um pouco aí começa os problemas. Se o fulano está a vender muito, ele é que nos fechou, porque ele quer que ele vá e nós fiquemos aqui em Luanda, então naquilo começa-se a dizer que na província não tinha feitiço, mas aqui em Luanda comprou feitiço para fechar os outros para eles não ajudarem os pais que deixaram na província. Tudo isso aguentei até quando me separei e até agora quando nos encontramos, a saudação mudou e eles têm vergonha, mas eu sempre estou o mesmo, embora eles tenham me fugido (L. J., ex-ambulante, 28 anos).

Ressalta-se que essa crença na feitiçaria é muito forte na cultura angolana, com maior realce para as províncias do norte e sul do país. Dentre as vítimas dessa crença, encontram-se principalmente as crianças e os idosos que, na maioria das vezes, são expulsos do ambiente familiar e acolhidos em centros de acolhimento existentes nas províncias. No caso das províncias em que tais espaços são inexistentes, estes ficam abandonados à sua sorte.

Por ser uma situação já impregnada na cultura das pessoas — também muitas vezes fomentadas por algumas seitas religiosas — está difícil a sua superação, até porque, em termos jurídicos, não existe lei específica que possa condenar os autores de tais atos, embora haja uma indignação da sociedade. Esses casos tendem a aumentar a cada ano, exigindo desse modo uma intervenção mais consentânea entre os diferentes atores sociais.

Já no segundo grupo, encontram-se os depoimentos de jovens que afirmaram terem mantido uma relação favorável com os seus colegas, embora também algumas vezes tivessem surgido algumas divergências, brigas e outras situações.

> Com os meus colegas, eu não tenho problema. Antes eu vendia sozinho, então, esse ano, estou a vender com o meu irmão, sem problema nenhum. Os colegas, quando têm clientes e não há o produto que precisam veem ter comigo e vice e versa. E, nisso, combinamos, que eu trouxe o cliente aumenta o preço para x e o resto é para mim. Assim vamos indo: problema nunca tive com ninguém (F. K., zungueiro, 25 anos).

> Nos relacionamos bem. Assim, cada dia que nasce, rimo-nos uns aos outros. Nos encontramos e conversamos normalmente, muitas vezes sobre a vida que estamos a levar. Cada um dá a sua opinião — é pá esta vida que estamos a levar é muito difícil, por isso, temos que trabalhar para amanhã deixarmos esta vida! Entre nós não há brigas, nos relacionamos normalmente — cada dia que nasce rimos uns com outros e assim sucessivamente! (B. D., zungueiro, 22 anos).

> Existem dias em que acontecem pequenas complicações, sobretudo por causa do lugar, mas tudo acaba por passar. E assim é a vida (J. P., zungueiro, 32 anos).

Centralizando-nos na categoria juventude, solicitou-se aos nossos sujeitos que falassem um pouco do que entendiam do fato de serem jovens. Os depoimentos a seguir ilustram aquilo que tem sido as suas experiências de vida e de trabalho. Experiências essas marcadas por momentos difíceis e de muita luta, com o intuito de garantir a própria sobrevivência. Como se pode observar em seus depoimentos, muitos dos jovens se sentem responsáveis pelo país, mostram grande interesse em contribuírem para o seu desenvolvimento, embora esse país não tenha feito nada, ou dado algo para que possam dignificar suas vidas e construir um futuro mais digno e promissor, sobretudo para seus filhos.

> Ser jovem é enfrentar a vida, é ter uma boa experiência de vida. Por isso, para ser jovem em Angola é preciso muita luta. Os mais velhos dizem que — se hoje tenho cabelo branco é preciso saber andar! É preciso respeitar o outro porque muitos jovens hoje já não se respeitam, fazem o que querem perdendo-se nas drogas e acabam por morrer cedo, sendo ainda jovens — enquanto este país esperava por eles, até porque a nossa linguagem e experiência em Angola, os jovens e as crianças são o futuro do amanhã, e se somos o futuro do amanhã então, devemos nos cuidar, darmos o nosso contributo no processo do desenvolvimento do nosso país (J. A., ex-ambulante, 28 anos).

> Ser jovem é ter um futuro para o amanhã, é uma preparação para que amanhã sejamos capazes para lidarmos com essa sociedade, para governarmos esta sociedade. É uma fase em que se começa o processo de preparação para a maturidade, em que se começa o processo de governação da vida (A. S., zungueiro, 28 anos).

> Eu acho que ser jovem é representar aquilo que o jovem tem que fazer na sociedade; ser jovem é trabalhar como jovem, porque ele tem

> capacidade — o jovem tem capacidade de sustentar o adolescente e o idoso. Então, eu acho que o jovem é o ramo fundamental do país no momento. O jovem é trabalho, o jovem é para frente, é o objetivo, é a raiz mais fundamental entre as idades — criança — jovem — idoso. Ser jovem é trabalhar, trabalhar, trabalhar e mostrar o que é, e quanto mais jovem, mais conseguimos enfrentar as coisas. Por isso, acho que ser jovem é trabalho, é ser firme, é dedicação e é seguir os nossos ideais (P. J., ex-ambulante, 27 anos).

O aspecto da religiosidade também foi bastante apontado pelos sujeitos. Acreditam que a superação das dificuldades que o trabalho informal lhes impõe deve-se à interseção de um ser supremo, que olha para os seus sofrimentos e acompanha os seus trabalhos, daí a necessidade de agradecimento por tudo que tem feito em suas vidas: *"Quero dizer que não podemos deixar de agradecer por tudo, já que ao longo do nosso trabalho Deus tem estado conosco. Ao levantar e sair de casa, ao vender e voltar. E nesse negócio, Deus tem estado"* (J. B., zungueiro, 27 anos). Na visão dos sujeitos, essa vida difícil que a juventude vive no atual contexto só poderá ser superada com a mudança do sistema de governo no país, o qual dê atenção aos problemas e às necessidades da população desfavorecida.

> [...] gostaria que o nosso governo mudasse mais, porque ele sabe que todo mundo aqui está mesmo mal. Para a pessoa viver, tem que ir mesmo zungar e eu gostaria que o nosso governo olhasse mais para isso. Porque muita gente sofreu e muita gente também não teve tempo de estudar durante a guerra. A nossa terra nunca viveu em paz (T. C., zungueira, 25 anos).

A temática da educação foi bastante debatida nos três grupos de discussão. Para os jovens, na atual conjuntura do país, a educação se constitui em uma estratégia para um futuro promissor e também em estágio essencial nessa passagem de suas vidas marcadas por sucessivas perdas. Constatou-se, tanto nos grupos de discussão como nas nossas observações de campo realizadas nos diferentes espaços de exercício de tais atividades informais, que na sua maioria os jovens apresentam baixos níveis de escolaridade. Daí talvez as dificuldades para pleitearem uma vaga de emprego, numa realidade como Luanda, onde as exigências são cada vez maiores. Isso ficou evidente no fato da maioria de os sujeitos apontarem a necessidade e o desejo de darem continuidade aos seus estudos e apontarem a escola como uma de suas principais reivindicações.

Porém é importante sublinhar que, por outro lado, os depoimentos nos mostram a capacidade crítica dos sujeitos e o conhecimento profundo que têm da realidade do país e do próprio quotidiano a partir de suas experiências de trabalho e vida — o que muitos profissionais com maior formação desconhecem. Trata-se de uma clara demonstração de que o fato de não possuírem uma cultura letrada não lhes tira a possibilidade de fazerem uma leitura apurada do mundo e do próprio quotidiano e da experiência de trabalho em que estão inseridos.

> O negócio que eu faço, eu acho que me dá qualquer coisa. Eu, de momento, vou continuar [...] também, pela classe que eu tenho, não sei se amanhã conseguirei um emprego. Mas eu vou continuar a estudar até chegar o meu momento de conseguir um emprego. De momento, eu estou a estudar e sempre a vender, até quando, amanhã, com os meus estudos, fazer um curso e chegar ao momento de encontrar o emprego para mim. Porque, de momento, tenho que confiar nas minhas vendas para pagar as propínas até quando chegar ao fim (A. E., zungueira, 22 anos).

> Estudar é importante mesmo. Eu parei muito cedo porque adoenci muito. Fiquei quase 4 anos com dores do peito. Parei até que engravidei. Até não consegui amamentar a minha primeira filha. Quem deu de mamar foi a mãe. A doença que eu tinha, o bebê me fugia. Eu cheguei aqui e estou a continuar a estudar e quero estudar até ao fim. Para eu também melhorar a vida, como os outros (G. N., zungueira, 27 anos).

> Estudar é muito importante na vida do ser humano. Visto que a vida do ambulante é uma vida sacrificante — a pessoa tem que sair de manhã às vezes sem destino, aquele que comprar compra. A polícia por trás de ti. Às vezes chega a te receber: por mim, essa vida de ambulante é uma vida na qual a pessoa ingressa por não ter nenhum recurso. Mas, o mais importante é estudar para conseguir um emprego e viver um pouco mais estável (C. J., ex-ambulante, 33 anos).

Como se pode observar nos depoimemtos anteriores, há unanimidade entre os jovens quanto à importância dos estudos, ou seja, da educação na atual conjuntura do país. A educação é vista como passaporte imprescindível para o acesso e inserção no mercado de trabalho e, consequentemente, para a melhoria de suas condições de vida. Essa importância da educação e da formação profissional foi bastante evidenciada em quase todos os depoimentos dos jovens como requisito de acesso ao emprego, inclusive dos jovens contactados nas observações de campo como este:

> O país está a mudar e cada dia que passa sentimos que é importante aumentar os níveis de conhecimentos, ter mais estudo. Muitos de nós estudamos pouco, por causa da guerra, por isso estamos a continuar a estudar para acrescentarmos mais um pouco de conhecimento na cabeça (zungueiro 8).

Quase todos os depoimentos dos jovens apontam que a educação é uma chave que possibilita transformações na vida das pessoas. Nesta perspectiva, transcrever-se-á um trecho extraído no site da Secretaria de Educação da Praia Grande (São Paulo — Brasil), que concorre para os sentimentos expressos pelos sujeitos, que diz o seguinte:

> A educação é uma chave. Chave que abre a possibilidade de se transformar o homem anônimo, sem rosto, naquele que sabe que pode escolher, que é sujeito participante de sua reflexão, da reflexão do mundo e da

sua própria história, assumindo a responsabilidade dos seus atos e das mudanças que fizer acontecer. Esta chave nos permite modificar a realidade, alterando o seu rumo, provocando as rupturas necessárias e aglutinando as forças que garantem a sustentação de espaços onde o novo seja buscando, construído e refletido. Num país com imensas desigualdades e contradições, a educação se apresenta como um fator de esperança e transformação para a sociedade, não apenas permitindo o acesso ao conhecimento, à participação, mas propiciando condições para que o indivíduo construa sua cidadania.

No caso das mulheres, ao evidenciar esse ponto — referente à educação ou à formação escolar —, elas acabam por denunciar a desigualdade de oportunidades de acesso ao ensino existente no país, muitas vezes, fortalecida pelas questões culturais, que sempre privilegiaram os rapazes em detrimento das meninas.

Ao ressaltarem a importância da educação, os sujeitos o fazem, comparando com a vida de outras pessoas que, por terem estudado, se encontram em melhores condições que eles: estão mais bem inseridas no mercado de trabalho, o que não é regra de todos, pois, mesmo no contexto angolano, encontram-se muitos que, tendo altos níveis de escolaridade, também se encontram inseridos na informalidade, em trabalhos precários e temporários.

De fato, ser zungueiro ou vendedor ambulante é o caminho que resta, muitas vezes, ao jovem, por ser a atividade que mais absorve esta camada etária, principalmente os que não tiveram oportunidades de acesso a uma formação escolar e profissional. Dentro desta perspectiva é que Pereira (2003, p. 289) apoiando-se em Frigotto, afirma que "no mundo do trabalho atual exige-se um profissional polivalente, ou seja, flexibilizado, apto para desempenhar inúmeras funções, por apresentar algumas características" — para ser considerado como tal, o trabalhador deve ter domínio dos fundamentos científicos subjacentes às técnicas do processo de produção, como um especialista.

Na realidade angolana e de Luanda em particular, ressalta-se que os índices elevados de analfabetismo têm sido também um dos fatores da não inserção da maior parte da população, principalmente da camada juvenil, no setor formal de trabalho do país. Nessa conformidade, a educação tornou-se então uma chave importante e capaz de abrir possibilidades para transformar o homem anônimo — como são os jovens que deambulam nas várias artérias da cidade de Luanda e não só — num sujeito participante em sua inserção no mundo e em sua própria história.

Ainda em relação à qualificação, é importante dizer que a formação em Angola é um diferencial na disputa pelos empregos escassos, principalmente no que se refere à informática, ao conhecimento de alguma língua estrangeira, com maior realce para o inglês e o francês. Por isso, a educação, sobretudo a escolar, é vista como passaporte para um futuro mais estável e promissor, pois é por meio dela que os jovens ainda vislumbram possibilidades tanto de qualificação e inserção profissional quanto de mobilidade social.

Por outro lado, a realidade de Luanda tem demonstrado que, à medida que se tem mais escolaridade, há, teoricamente, mais possibilidades de acesso ao mercado de trabalho formal. Isso porque, ainda que se tenha boa qualificação para conseguir um emprego, precisa-se ter alguém que faça os "corredores". Isto acontece mesmo em situações em que o acesso seja via concurso público: é preciso ter-se um conhecido que faça a intermediação com o 'chefe' da instituição.

De qualquer forma, entende-se que numa cidade como Luanda, com imensas desigualdades e contradições, a educação apresenta-se como um fator de esperança e transformação para a sociedade, assim como para as histórias e trajetórias de vida das pessoas que nela vivem, porque propicia condições para que o indivíduo se torne sujeito e construtor da sua cidadania.

Justo (2003) entende que o desenvolvimento de um país é diretamente proporcional aos índices de escolaridade e à capacidade produtiva da sua população. Segundo esse autor, investir na educação significa combater a pobreza, o desemprego e a desintegração social. Entende-se que a falta de escolaridade limita a oportunidade e a possibilidade real de trabalho digno e protegido. A realidade tem mostrado que aqueles que têm oportunidade de estudar têm maiores possibilidades para compreender as mudanças que ocorrem no mundo e se preparar para obter condições adequadas em um mercado de trabalho que se mostra cada vez mais competitivo e restrito.

Ao se analisarem os depoimentos dos jovens, vê-se que eles não têm dúvidas de que o grau de escolaridade aumenta as perspectivas de trabalho dos jovens e que a educação ainda é a melhor forma para se conseguir melhores posições no mundo do trabalho. Entretanto, segundo Soares (2010, p. 13), a disputa cada vez mais intensa por espaço no mercado do trabalho tem provocado mudanças nestas visões do ser jovem e intensificado o debate sobre o lugar e o papel desta população na vida dos países.

Diante do exposto, entende-se que a não inserção no mercado de trabalho muitas vezes é acompanhada também por outras situações que colocam ainda mais os jovens num horizonte de poucas perspectivas e expectativas. Isso para dizer que a perversidade de tais processos ficou visível para o pesquisador em sua vivência quotidiana com os sujeitos da pesquisa, na medida em que permitiu perceber que as situações de exclusão e as condições de pobreza em que eles vivem — cujas consequências são tão evidentes em suas histórias e trajetórias de vida — geram neles o aumento da insegurança e, portanto, da vulnerabilidade.

Nesta vertente é que se diz que a vulnerabilidade é geralmente associada à exposição a riscos que fogem do controle e ameaçam a integridade de uma pessoa ou de um grupo. Para Abramovay (2002, p. 34-35), o conceito de vulnerabilidade está associado a insegurança, incerteza e exposição a riscos provocados por eventos socioeconômicos ou ao não acesso a insumos estratégicos.

Por outro lado, é importante ressaltar que a vulnerabilidade dos jovens, na sua maioria, se expressa ou surge, principalmente, pelas dificuldades de acesso ao ensino público como direito e, quando conseguido esse acesso, por sua baixa qualidade e, ainda, pelos múltiplos problemas que têm que ser enfrentados para sua frequência — tais como a necessidade de trabalhar, as dificuldades para compra do material escolar, o cansaço em razão do trabalho, etc. — os quais concorrem para diminuir a procura por este serviço público pelos jovens.

Os depoimentos dos sujeitos a seguir visualizam essa questão da exclusão. Na maioria das vezes, eles acabam por sentir-se estrangeiros no seu próprio país, numa clara denúncia de como as desigualdades regionais criam não apenas desequilíbrio em termos de desenvolvimento, mas também entre cidadãos, não dando a todos as mesmas possibilidades para usufruir os seus direitos, levando-os a buscar com suor do seu próprio trabalho a sua sobrevivência e, mais do que isso, a dignificação de suas vidas.

> *Para nós, provenientes {das províncias}, ser negociante é ser alguém que faz parte de uma 'camada do ninguém' na sociedade.* Simplesmente, você presta para o seu negócio e para o seu colega que é negociante (P. J., ex. ambulante, 27 anos).

> *[...] mas para nós, que podemos ser considerados visitas, estamos cá por motivos de trabalho,* trabalhar no mercado é um atraso devido à renda {aluguel} da casa. Se não pagares a renda, o dono não te vai permitir viver na casa, por isso nos atiramos na zunga à procura de condições de vida (J. B., zungueiro, 27 anos)

Outro ponto que os depoimentos acima nos indicam é, que apesar de esses jovens estarem há bastante tempo em Luanda, apenas consideram-no um lugar de estar, de ganhar a vida para garantir a sobrevivência, e não um espaço de pertencimento, tanto é que quase sempre regressam para suas províncias depois de algum tempo, quando entendem que juntaram o dinheiro necessário para o sustento da família no lugar de origem.

A partir dos depoimentos dos sujeitos, percebe-se que o trabalho informal, mais concretamente o comércio ambulante, é uma atividade que se realiza na rua e, por isso, esse espaço configura-se como meio de sobrevivência. Como se trata de atividade não reconhecida legalmente, além de seus trabalhadores não terem a garantia da proteção social, sofrem diariamente com a fiscalização e a repressão do Estado.

Assim sendo, é nas ruas de Luanda que — apropriando da análise de Telles (2006) — os jovens constroem e reconstroem suas experiências de trabalho e de vida: nesses circuitos, redesenham os espaços urbanos, redefinem as dinâmicas locais, redistribuem bloqueios e possibilidades, criam novas clivagens, provocando mudanças importantes nas dinâmicas familiares, nas formas de sociabilidade, nas redes sociais, nas práticas urbanas e em seus circuitos.

É dentro desses circuitos globalizados que os jovens fazem seus percursos, muitas vezes descontínuos e instáveis, no mercado de trabalho. Vivem também sua experiência da cidade, entre a brutalidade das desigualdades e a sedução encantatória do moderno mercado de consumo, de possibilidades e bloqueios para o acesso a uma vida urbana ampliada.

Pelo que se escutou dos jovens vendedores, há uma orientação do governo provincial de Luanda para uma fiscalização com o objetivo de acabar com a venda ambulante — algo que muitos jovens com os quais se manteve contatos afirmaram ser difícil de acontecer devido à realidade que eles próprios vivem. Pela falta de emprego, a venda ambulante se efetiva como uma única alternativa para garantir a sobrevivência desses jovens e de seus dependentes, uma vez que, a maioria deles já tem família constituída. Quanto à questão se zunga vai acabar ou não, os sujeitos entrevistados responderam o seguinte:

> Dizem que as vendas vão acabar, mas também ainda não é agora, [isto só vai acontecer] quando o governo construir mais escolas e der possibilidade de mais pessoas trabalharem e abrir centros de emprego para toda gente poder trabalhar [...] (G. N., zungueira, 27 anos).

> Penso que as vendas com o andar do tempo vão acabar, como diz o governo! Por isso é que aí no São Paulo dão corrida nas zungueiras:

> só que algumas zungueiras são teimosas. As pessoas já habituaram. Eu nunca vendi no mercado, faço mesmo as minhas vendas na zunga. Porque, no mercado, não aguento vender na bancada esperando quem vem: eu vou atrás do cliente, porque o bocado que eu vou conseguir, vou conseguir dar jantar na minha casa (A. E., zungueira, 22 anos).

> Sobre esta questão se a zunga vai acabar ou não, eu digo que, por um lado, ela vai acabar sim, mas por outro, o governo vai ter que apostar [investir] muito. Vai acabar sim, mas para a nossa camada vai ser difícil, porque estamos a atingir uma idade que, para ser empregado público, não seremos aceitos[9]. Quer dizer que nós estamos condenados a ser zungueiros. Então, o governo deve apostar na formação do homem, começando pelas crianças. Eu lhe vou dar um exemplo: eu sou estudante e, como tal, faço parte do mercado e pago a minha escola. E, de onde tiro o dinheiro para pagar a propina? Por isso que eu digo que a zunga não vai acabar agora. A corrupção é outro fator que faz com que a zunga não acabe, apesar de que um dia ela vá acabar (A. S., zungueiro, 28 anos).

> Eu acho que as vendas vão acabar, mas se o governo ajudar as pessoas para melhorar essa vida. Por isso, as pessoas têm que estudar para amanhã poderem encontrar emprego e deixarem de vender. Mas, neste momento, nós que não estudamos, para conseguirmos emprego e trabalhar [...] ainda não temos certeza que as vendas vão acabar, por isso estamos nesse sofrimento (B. W., zungueira, 30 anos).

Como se observou nos depoimentos anteriores, todos os jovens apontam que essa concretização do objetivo do governo de acabar com a venda ambulante só ocorrerá num período de longo prazo e, para tal, sugerem que antes se invista na formação educacional e profissional, para dar outras possibilidades a eles de inserirem-se em

---

9. Em Angola, há um limite de 35 anos para o exercício de um emprego público.

outros campos de trabalho. Entendem que esse processo de formação deve abarcar também as crianças, para que no futuro elas possam ter melhores condições e não precisarem zungar. Com isso, estar-se-ia a quebrar o ciclo que se verifica na atualidade, em que muitas crianças estão a zungar juntamente com os pais.

De modo geral, no entendimento dos jovens, a superação ou solução dessa questão passa pela criação de centros de formação e encaminhamento para emprego, possibilidades e facilidades de acesso à documentação, entre outros aspectos visualizados nos próprios depoimentos dos sujeitos, como esse abaixo:

> A zunga não está diminuindo porque a própria sociedade, incluindo o governo, está a contribuir. Enquanto um formado não encontrar um mercado de trabalho que possa recebê-lo, a zunga vai continuar a ser a saída [...] caso o governo continuar a não apostar na formação dos jovens e crianças que estão a crescer, também a zunga não vai acabar. Existe agora uma zunga especial — os que não se encontram com os fiscais, mas estão na rua e, pela antiguidade, vendem por via telefônica. Ele só sai para levar a mercadoria para as pessoas que o solicitam — sai de casa para fazer a entrega e como o governo vai dar conta se até a forma de vestir já é quase igual a de um rico? (A. S., zungueiro, 28 anos).

Por outro lado, entende-se que essa medida do governo da província de Luanda — de acabar com a venda ambulante — decorre do fato de esses sujarem as estradas e as avenidas. Esse ponto trouxe divergências entre os jovens ambulantes: um grupo concorda com a tese de serem os responsáveis pela sujeira que se verifica em alguns espaços da cidade e outro grupo discorda completamente dessa justificação do governo. Os depoimentos a seguir ilustram essas divergências:

> Bem, eu digo assim: numa parte, eles têm razão, mas numa outra parte, o Estado deve criar condições para esse povo ir, os zungueiros. Eu não estou aqui a dizer que não é verdade, é verdade. Os zungueiros,

> na verdade, sujam a cidade. Numa parte, dou razão. Nós sujamos a cidade, porque vamos buscar o produto no mercado dentro duma caixa e, quando tiramos o produto, abandonamos a caixa aí. Então, já não estamos a fazer a limpeza da cidade, estamos a contribuir para a sujeira da cidade. Por isso, os fiscais têm o grande trabalho de correr com os zungueiros. Mas se não criarem condições para tirarem os zungueiros de onde eles estão para irem para um bom sítio, será muito difícil, muito difícil mesmo, porque é na zunga que muitos e muitas zungueiras estão a sobreviver (J. A., ex. ambulante, 28 anos).

> Por exemplo, aqui mesmo onde estamos: não há contentores de lixo. Se você comer algo, onde colocas o lixo? Claro que é no chão. E isso todo mundo faz, inclusive os que andam de carro. Quantas vezes vimos pessoas que beberam gasosa ou comeram algo no carro e deitaram no chão? O problema é que há falta de locais para se depositar o lixo na cidade e, onde há contentores, fica-se uma semana sem se recolher o mesmo, ao ponto das pessoas deitarem o lixo no chão por falta de espaço, por causa dos poucos contentores que ficam no local estarem já cheios (zungueiro 9).

De fato, essas situações colocadas nos dois depoimentos são realidades que se vivem na província de Luanda, daí a justificação das divergências expressas pelos sujeitos. Isso exige tanto do governo como dos próprios vendedores maior cuidado com o saneamento básico da cidade: uma providência tão importante não só no sentido do embelezamento e da boa imagem da cidade, mas também para a promoção da saúde e, consequentemente, da qualidade de vida dos habitantes da província.

Em seus depoimentos, os jovens vendedores ambulantes mostram-nos de forma clara e significativa que, além de jovens, também são seres humanos, amam, sofrem, pensam a respeito de suas condições e experiências de vida, posicionam-se, possuem desejos e propostas de melhoria de vida. Isso nos leva a acreditar que é nesse processo que cada um deles vai se "construindo e sendo construído como sujeito:

um ser singular que se apropria do social, transformado em representações, aspirações e práticas, que interpreta e dá sentido ao seu mundo e às relações que mantém" (Dayrell, 2003, p. 43-44) enquanto sujeito coletivo.

Nesta conformidade, os jovens, apesar das dificuldades, das situações complexas que constituem o seu quotidiano, da vida dura que a realidade do país e da província em si proporciona, ainda aspiram sonhos, que embora muitos deles sejam simples, têm um significado muito peculiar em suas histórias e trajetórias de vida, e envolvem inclusive seus filhos e demais dependentes. Como podemos observar, mais uma vez os jovens destacam em seus sonhos a importância da educação como elemento-chave no processo de transformação de suas vidas, como um passaporte para o alcance da melhoria de vida, conforme ilustram os depoimentos a seguir:

> O meu sonho é o nosso presidente pensar em aumentar mais escolas. Caso o senhor presidente achar que deve aumentar mais escolas e não nos cobrar muito dinheiro, aquilo que chamam 'gasosa'[10] talvez tenhamos melhor sonho. Eu acredito que as coisas venham a mudar através de estudos. Sem estudos a pessoa não caminha (J. B., zungueiro, 27 anos).

> O meu sonho quando vim para cá era ter a minha casa. Como já consegui realizar esse sonho, agora o sonho que eu tenho é de fazer com que os meus filhos estudem para amanhã também não ficarem como qualquer um. Já não tenho mais sonho para mim, já consegui o pouco que queria, agora só sonho para os meus filhos (B. W., zungueira, 30 anos).

> Para já, ninguém gostaria de continuar esta vida de ambulante. Todo mundo quer se beneficiar de momentos de lazer e ter uma vida digna. Eu não acredito que a vida de ambulante seja uma vida digna porque

---

10. Dinheiro de corrupção.

> submete-se à polícia, aos fiscais e, às vezes, aos chamados marginais. Como sonho, temos de lutar para mudar de categoria, estudando. Por isso, eu gostaria de ser alguém, no futuro, socialmente. Ter um lugar que me permita discutir, debater os problemas que afetam a sociedade (A. S., zungueiro, 28 anos).

> O único sonho que tenho é concluir o ensino médio e posteriormente decidir como será a minha vida. A minha esposa já está a fazer 11ª classe, isto é, o INE [Instituto de Educação], ela já está mais avançada que eu, por isso vou batalhar. Quero fazer o Ensino Médio e só assim vou decidir o que fazer em diante, mas a vida é mesmo assim [...] (J. A., ex-ambulante, 28 anos).

Os depoimentos dos jovens em relação aos seus sonhos ressaltam sobretudo a questão da obtenção da casa própria e da própria formação, embora a prioridade sejam os filhos. A questão da casa própria, ou seja, da habitação, é um problema vivido pela maioria dos jovens em Angola e não apenas dos jovens migrantes inseridos no trabalho informal em Luanda. Essa situação tem contribuido para que muitos deles ainda permaneçam na casa dos pais, mesmo depois de formarem suas respectivas famílias. Isso ocorre pelo fato de existirem no país um número limitado de casas disponíveis diante de uma demanda crescente de cidadãos, não apenas jovens, em busca da concretização desse sonho da casa própria. O problema é ainda mais complicado devido aos preços exorbitantes praticados na venda dela, o que não difere muito no caso de aluguel, como nos ilustram os depoimentos a seguir:

> Pelos preços das casas, os zungueiros optaram por alugar uma casa em grupos de 5 ou de 6, que pagam e vivem em comum, para fazerem face a esta situação. Mas, o que acontece é que quando vocês vivem numa casa, por mais que paguem a tempo e à hora, quando o senhorio

> vê que compraram uma ventoinha, uma panela, uma arca para beber uma água fresca, a renda sobe (A. S., zungueiro, 28 anos).

> Nesta vida sem dinheiro para pagar a renda, como conseguir comprar terreno e ter uma casa? Se eu quiser comprar terreno, só pode ser naquelas partes do Cacuaco ou do Viana, porque há muita gente que está a chorar no Rocha Pinto, onde as famílias construíram com sacrifício e ainda assim seus quintais são pequenos que nem dá para o número de pessoas que vivem nelas. Ainda assim, o Governo chegou e partiu. A minha filha, que hoje tem 12 anos, amanhã também será zungueira e a viver em casa de renda? Não. Eu nasci na cabana, mas os meus filhos não (F. K., zungueiro, 25 anos).

Como se pode observar ao longo da nossa abordagem, os motivos do envolvimento dos jovens no trabalho informal são vários e complexos. Entretanto, há que ressaltar a relação que os jovens fazem entre a necessidade do dinheiro e o processo de globalização. Essa relação foi assim apontada por um dos nossos sujeitos:

> A mundialização nos ensinou que, afinal, cada homem, para ser livre, tem que ter um pouco de dinheiro. Uma vez que tem o dinheiro, é livre para comprar isto ou aquilo e, se calhar, de resolver alguns problemas que têm a ver com questões financeiras. Porque, os nossos pais nos diziam que, no tempo colonial, as crianças não podiam conhecer dinheiro, dedicavam-se somente à agricultura. Mas, o nosso mundo atual, ensinou-nos a conhecer o dinheiro, porque a vida social nos obriga a guardar o negócio do pai enquanto ele vai fazer outros negócios e nos deixa ali dizendo: olha, fica aqui, isto custa x Kwanza. E foi assim que fomos conhecendo que, afinal, vender é uma forma que nos pode levar a resolver certos problemas da vida (A. S., zungueiro, 28 anos).

É importante ressaltar que esse processo de globalização econômica que se vive na contemporaneidade, ao mesmo tempo que possibilita ou gera alguns avanços no desenvolvimento dos países, proporciona por outro lado crises de natureza social, econômica, ética e moral que se expressam pelo agravamento do desemprego estrutural, pelo aumento da pobreza, da violência urbana, do terrorismo, da corrupção política e institucional, da desagregação da família, da destruição do meio ambiente, entre outras, cuja sua visibilidade pode ser menos concreta. Essas crises também se refletem de alguma forma nos jovens que buscam, na sua vivência quotidiana, caminhos e perspectivas para o futuro. Além da globalização, existem outros motivos e determinantes, que são ressaltadas nos depoimentos a seguir, muitos deles já frisados ao longo da nossa abordagem:

> O motivo que leva os jovens à venda ambulante: primeiro, é o baixo nível acadêmico e a falta de apoio. Ser ambulante é a forma mais fácil [de trabalhar]. Eles vêm a Luanda para conseguir pão e voltar para Benguela. Por outro lado, eles exercem esta atividade porque conseguem o dinheiro fácil e o trabalho fácil. Alguns deles têm vontade de trabalhar. ADB[11] tinha vontade de ajudar os jovens a enquadrarem-se nos centros de emprego mas foram invadidos por outro grupo e até agora não há resposta. Com isso, eles sentem-se injustiçados, incapaz de maior resposta (F. F., ex-ambulante, 35 anos)

> Como disse o Irmão F. F., houve um dia em que estavam a dar crédito, mas como estes jovens não têm formação e toda documentação se perdeu ou foi queimada durante a guerra, eles não conseguiram fazer nada. Não aparece emprego para eles e como antigamente para conseguir emprego tinha que se ter Bilhete de Identidade então não conseguiram. Hoje, é mais difícil ainda porque tem-se que ter Cédula e depois Bilhete de Identidade — o que eles não têm. (J. A., ex-ambulante., 28 anos).

---

11. Amigos de Dom Bosco.

Diante dos depoimentos, concluiu-se que em contextos como o de Luanda, onde o jovem vive uma dupla exclusão: do mercado de trabalho e do acesso à educação, resta-lhe o trabalho informal, sem garantias, mas que também, como se viu no decorrer da nossa abordagem, tem sido proibido e impedido pelo governo de Luanda por meio dos agentes da polícia e da fiscalização, que não aceita trabalhadores informais, principalmente vendedores ambulantes, no centro da cidade, com intuito de preservar sua imagem.

Nesses depoimentos os jovens denunciam não apenas, a falta de emprego ou da formação profissional que lhes permitiria a inserção no mercado de trabalho, mas também as dificuldades de acesso à documentação, ou seja, denunciam toda uma burocracia criada para que os direitos de cidadania se efetivem na desenfreada luta pela sobrevivência — o que, aliás, foi apontada pelos sujeitos por unanimidade como sendo o principal motivo de seu envolvimento no universo do trabalho informal.

Perguntou-se também aos sujeitos quanto aos lucros obtidos nas vendas, mais concretamente, se eles conseguem obter algum lucro no trabalho que desenvolvem e onde normalmente o dinheiro é gasto. Suas respostas estão contidas nos depoimentos a seguir:

> [...] vezes há que familiares, nomeadamente, irmã, primo e sobrinhos, quando têm problema, recorrem a mim dizendo: olha eu estou doente você tem que me ajudar. De outro lucro, eu digo assim: Deus é pai: no ano passado consegui comprar um terreno lá em Benguela agora quero levantar um quarto. Que, se amanhã eu morrer, eu consiga deixar pelo menos um quarto para os filhos (F. K., zungueiro, 25 anos).

> Sim, nós temos tido lucros. Agora sobre o que fazemos com ele, isso depende porque cada um sabe como gerir ou administrar o que tem. Por exemplo: existem aquelas pessoas que o lucro é administrado de tal forma a garantir a educação aos filhos, economia de casa e adquirir alguns bens pessoais. No meu caso, o meu lucro primeiro serve para investir nos meus estudos, isto é, para comprar livros, fascículos, táxi,

> investigar no trabalho que os professores têm mandado e, segundo, para sustentar a casa e o pessoal. Os lucros têm esse fim. De forma específica, eu consegui comprar uma moto. Como no interior não se compra terreno, então, o lucro é para estes artigos (J. B., zungueiro, 27 anos).

> O lucro de cada negócio que faço, é para pagar a propina da escola, comprar roupa. Temos que comer e quando alguém pede algo para pagar é ali onde vai o lucro. Não lucramos muito, mas o pouco que ganhamos vai ali (J. P., zungueiro, 32 anos).

Os sujeitos de pesquisa consideram lucros muitas vezes aquilo que irá permitir a realização de seus sonhos, como a compra de um terreno, a construção ou aquisição da casa própria — que é o desejo de muitos deles —, que lhes proporcionem o bem-estar. Por outro lado, são considerados lucros os recursos resultantes de seu trabalho, usados na maioria das vezes para alimentação e outros gastos que garantem a própria sobrevivência e de seus dependentes, o pagamento das propinas de seus estudos e, em alguns casos, de seus filhos.

Na análise dos depoimentos feitos pelos jovens, percebe-se que as políticas sociais que são implementadas pouco contemplam a heterogeneidade e a diversidade de suas trajetórias e histórias de vida. Por isso, concorda-se com Blass (2006, p. 63) ao apontar que a voz dos jovens deveria nortear, e não ser silenciada, quando são discutidas questões relativas ao trabalho e ao emprego ou quando se implementam programas governamentais destinados à formação profissional. Isso "nos elevaria da condição de sujeitos passivos, apáticos, à de sujeitos atuantes, sensíveis ao nosso momento histórico" (Veronese, 1998, p. 11).

De modo geral, pode-se dizer que os sujeitos da presente pesquisa são jovens imersos em desigualdades históricas tanto em relação aos seus modos de ser e quanto aos de viver. Vivenciam a realidade do desemprego ou de inserções precárias marcadas por ausências — ausência do Estado, de políticas sociais públicas e de escolas — cujas consequências são os baixos rendimentos, a falta de oportunidades educacionais, o acesso limitado, a baixa qualidade dos serviços de saúde, a falta de infraestrutura habitacional e a segregação socioespacial. Tudo isso conforma, no dizer de Azeredo (2010, p. 580), um conjunto de desvantagens sociais. Nesse sentido, afirma a autora que além de residirem em lugares com difícil acesso a recursos materiais e simbólicos, veem suas condições de pobreza serem produzidas e reproduzidas, num círculo perverso que conforma a falta de melhores oportunidades, confinando-as num lugar muito distante dos padrões minimamente aceitáveis.

Assim, diante do exposto, pode-se considerar os jovens envolvidos no trabalho informal como sendo um "universo marcado pela subalternidade, pela revolta silenciosa, pela humilhação e fadiga, pela crença na felicidade das gerações futuras, pela alienação e resistência e, sobretudo, pelas estratégias para melhor sobreviver, apesar de tudo" (Yazbek, 2004, p. 1-2). Por outro lado, seus depoimentos revelam, mesmo que de forma implícita, que reconhecem a necessidade de superar a prática de uma vida subalterna e, ao mesmo tempo, de garantir o acesso à educação formal como instrumento de libertação para si e seus filhos. Apropriando-nos das ideias de Telles (1999, p. 108), pode-se considerar esses jovens como que fazendo parte das "classes inacabadas", que se constituem no contingente que compõe esse imenso e hoje crescente mercado informal.

Para finalizar esta reflexão relativa aos depoimentos referentes à temática abordada, entende-se ser importante ressaltar que o trabalho permanece como centralidade do processo de inserção e integração dos indivíduos na estrutura social. Entretanto, reconhece-se haver clareza de que, no contexto angolano, essa socialização e integração, para muitos, ainda se dão de forma precária e desumana.

Considerações finais

Depois de uma análise cuidada da temática discutida nesta obra que permitiu a compreensão dos significados que os jovens migrantes, trabalhadores informais em Luanda, atribuem às suas experiências de trabalho e de vida, bem como aos motivos que os levaram ao envolvimento em tais atividades, passar-se-á, nas linhas seguintes, a se tecer algumas considerações, resultantes tanto das leituras realizadas ao longo do estudo, como dos depoimentos dos sujeitos, cujas análises referenciamos no item anterior.

Primeiro sublinhar que tendo em conta as dificuldades encontradas na realização da presente obra as universidades em Angola têm uma contribuição a dar, sobretudo na criação de centros de estudos voltados para as questões sociais, assim como na realização de fóruns de debates e discussões para equacionar esforços e fomentar o diálogo em torno dessas situações que enfermam as sociedades angolana e luandense.

Entende-se que essa riqueza dos depoimentos que a obra apresenta se constitui em um valioso subsídio para qualquer iniciativa — seja do Estado, seja do setor privado — de impacto no âmbito das políticas sociais e públicas que possam ser concebidas, planejadas e implementadas para esse segmento da sociedade envolvido no trabalho informal, mais concretamente, no comércio ambulante.

Entrando mais concretamente nos resultados da pesquisa, embora os jovens não apontem diretamente em seus depoimentos, evidenciaram que têm conhecimentos de cidadania e de direitos. Por outro lado, os seus depoimentos expressam indignação quanto à perda — em nível social — de alguns valores que caracterizam a sociedade angolana, principalmente os da solidariedade e do respeito ao próximo. Além disso, em suas falas, estão também explícitas as diversas formas de discriminação que muitos deles sofrem ou sofreram no exercício de seu trabalho informal, como vendedores ambulantes.

Embora se reconheça, em alguns aspectos, o esforço empreendido pelo governo na atual conjuntura do país, urge ressaltar que se observa também que a recuperação de edifícios públicos importantes, a reforma de praças, parques e avenidas, o combate ao crime e a tentativa de atrair investimentos da iniciativa privada, assim como os projetos do programa de reconstrução nacional em curso no país, não estão sendo acompanhados de políticas públicas que incluam, de forma significativa e qualitativa, os grupos marginalizados e vulneráveis da sociedade.

Diante do exposto, o que se tem verificado no contexto de Angola, e de Luanda em particular, é que a maior parte dos trabalhadores informais — neste caso concreto, os vendedores ambulantes — vivem uma situação de exclusão total dos benefícios do amparo e da seguridade social, configurando-se em segmentos populacionais a quem são recusados os direitos de cidadania.

Os depoimentos ilustram que o número incontável de jovens que engrossam as estatísticas de desemprego no país clama por oportunidades de trabalho, uma alternativa adequada caso se queira diminuir o número de jovens infratores no país e na província de Luanda em particular, cuja incidência tende a aumentar cada vez mais, pois há consciência de que as consequências advindas do desemprego ultrapassam as questões meramente econômicas.

Por outro lado, a literatura aponta diferentes razões globais e regionais para a relevância da informalidade nas sociedades modernas. Dentre essas razões, estão a reestruturação das cadeias produtivas nacionais e internacionais e, em alguns casos, as especificidades das estruturas socioeconômicas. No caso concreto de Luanda, os motivos do envolvimento dos jovens em atividades informais são muitos, dando, assim, o caráter da complexidade ao tema.

Entretanto, os resultados do estudo revelam não apenas a complexidade e heterogeneidade que essa atividade alcançou no contexto de Luanda, mas também os conflitos diários e as ações de repressão perpetuadas pelos agentes da polícia e pelos homens da fiscalização do governo. O fato é que o Estado reprime o trabalho ambulante, mas não oferece alternativas que realmente possibilitem aos jovens prover sua sobrevivência e de seus dependentes, enquanto chefes de família.

É importante ressaltar que essas ações de repressão do trabalho informal, bem como das situações de discriminação — dentre outras que constituem o quotidiano dos jovens — são exemplos concretos de que as experiências de trabalho, assim como suas histórias e trajetórias de vida são perpassadas por vivências de violência.

Dentre os motivos que justificam que os jovens trilhem o caminho do trabalho informal, evidenciados nos depoimentos dos sujeitos, apontam-se: o conflito armado de mais de três décadas, que assolou o país, cujas consequências traduziram-se na migração da maior parte da população, principalmente dos jovens, das zonas rurais para as cidades capitais; e a destruição da indústria e de toda a cadeia produtiva do país, contribuindo para o aumento do desemprego da população economicamente ativa — uma situação ainda permanente no atual contexto do país.

Por outro lado, inclui-se nessa lista de motivos a pouca formação acadêmica e profissional dos jovens diante das transformações ocorridas no mundo do trabalho, incrementando-se novas exigências para o acesso ao emprego, que tende a ser cada vez mais competitivo. Os próprios depoimentos dos jovens evidenciam essa relação estreita entre o envolvimento deles no trabalho informal e seu nível de escolaridade e apontam para a importância da educação como possibilidade para atingir um patamar melhor de vida.

Dentro dessa ótica é que os jovens fazem inclusive uma recomendação ao Estado, de realizar mais investimento nessa área da educação para que as crianças e os adolescentes de hoje não passem pelas mesmas situações por eles vividas. Isso evidencia que os jovens pesquisados não têm o trabalho informal como projeto de vida, tanto é que a maior parte deles está se empenhando em estudos que, na sua perspectiva, poderão abrir outras oportunidades em suas vidas.

Assim, tais resultados confirmam os pressupostos desta obra de que situações como a pouca formação acadêmica (escolar) e profissional de qualidade, as transformações ocorridas no mundo de trabalho, cada vez mais competitivo e com incremento de novas exigências para o acesso ao emprego, contribuíram também para que os jovens migrantes em Luanda trilhassem esse caminho da informalidade e, de certa forma, interferindo na construção de suas histórias e trajetórias de vida.

Como se pode observar nos depoimentos, seu envolvimento no trabalho informal está intimamente ligado a questões de sobrevivência e de satisfação de suas necessidades básicas e de seus dependentes. Trata-se de uma necessidade de consumo voltado para as necessidades básicas de sobrevivência e não a um consumismo exacerbado, voltado para a obtenção de produtos de marca, entre outros, que lhes conferisse um certo *status*, ou seja, um certo vínculo de pertença.

Ainda, é importante destacar a incapacidade do Estado em prover novas alternativas e estratégias que contribuam para a resolução dos diferentes problemas enfrentados pelas juventudes angolanas e luandense em particular. Nessa perspectiva, pode-se afirmar que esses jovens, envolvidos no trabalho informal, procuram soluções para sua exclusão e para superar as contradições culturais: falam de política, de desigualdade e buscam opções de lazer, criam alternativas, recriam e legitimam espaços. Tais realidades foram bem acentuadas e evidenciadas por nossos sujeitos, em seus depoimentos, ao descreverem as suas experiências de trabalho, de vida, bem como ao falarem de seus olhares e de suas visões do país: do país que se tem e daquele que esperam que seja construído num futuro não tão distante.

A realidade aqui apresentada confirma a nossa hipótese segundo a qual as precárias condições socioeconômicas resultantes do processo crescente da exclusão, pobreza, desigualdades que se tornam cada vez mais agudas e acentuadas — em suas diferentes dimensões e aspectos — e as elevadas taxas de desemprego entre os jovens que o contexto luandense apresenta, de fato, contribuem e obrigam que esses sujeitos enveredem pelo mundo do trabalho informal precário.

Para dizer que Luanda, como qualquer outra cidade capitalista, também vive essas questões; fundamentalmente, uma grande crise decorrente do chamado desemprego estrutural, não apenas enquanto resultado das diferentes crises e metamorfoses sofridas no mundo do trabalho — conforme afirma Robert Castel na sua obra intitulada *Metamorfoses da Questão Social* — mas, sobretudo, devido às décadas de guerra civil em que o país esteve mergulhado. Essa realidade tem vindo a constituir-se no que se pode denominar de "*apartheid* social", na medida em que os jovens migrantes passam a ser vistos como um segmento social à parte, sem direitos mundialmente instituídos.

O que os resultados do estudo nos apontam é que a informalidade não contribuiu para a melhoria das condições de vida e de emprego dos grupos vulneráveis e marginalizados da sociedade. Trata-se de uma realidade que tende a acentuar-se cada vez mais, pois aumenta o número de pessoas que diariamente se inserem nas atividades informais em Luanda e no país, ganhando contornos nunca antes vistos no contexto local. Diante disso, reafirma-se nossa posição, apontada no decorrer desta obra, que o trabalho informal está estritamente associado ao capitalismo e às suas formas de exploração e precarização.

Diante desse cenário, há o fato de que as pessoas, principalmente os jovens, estão criando novas formas de sobrevivência, novas formas de cidadania. Embora essa cidadania não seja aquela desejada, mas uma cidadania que ainda se encontra mutilada, como afirma Milton Santos (1997). Por isso, é importante apreender as necessidades dos diferentes segmentos juvenis nos quais a questão do emprego é o problema central.

Aliás, o direito à educação de qualidade e ao emprego está muito longe de ser assumido pelo Estado angolano. Entretanto, são apontados pelos jovens como alternativas necessárias para superar a condição dos trabalhadores informais e prevenir para que as crianças e adolescentes de hoje, futuramente, não passem por essa mesma trajetória.

Lembrar que o investimento na educação não é a única solução para contrapor a informalidade dos jovens, mas é importante para a construção da cidadania, sobretudo quando possibilita a autonomia dos sujeitos e a formação de sua consciência crítica, elementos fundamentais para a emancipação social e a humana dos sujeitos. Para dizer que se precisa de uma educação e escola que formem cidadãos conscientes e críticos, que ensinem as pessoas a pensarem de forma crítica, a posicionarem-se diante da realidade do mundo em que estão inseridos e a discutirem essa realidade, isto é, que tenham a sua palavra. Aliás, esse é o objetivo da educação e da escola em si, mas que infelizmente está longe de ser concretizado numa sociedade que busca a alienação e a subalternização dos cidadãos.

O que os depoimentos evidenciam é que, nessas atividades informais, os jovens constroem e reconstroem suas identidades e são reconhecidos enquanto chefes provedores, na medida em que, com seu trabalho, garantem a sobrevivência de suas famílias. Pode-se dizer, como afirma Telles (2006), que são jovens que realizam suas vivências num mundo já revisado, em que o trabalho precário e o desemprego já se compõem como estado de coisas com o qual têm que lidar e estruturarem o solo de uma experiência em tudo diferente da geração anterior.

Na verdade, o estudo vislumbra que os jovens envolvidos no trabalho informal em Luanda, particularmente na venda ambulante, são majoritariamente migrantes. São jovens que, devido à complexidade das situações da realidade do país, como o conflito armado de mais de três décadas, o fenômeno do desemprego — que ainda atormenta a vida e o futuro de muitos jovens e frustra oportunidades de ocupação que lhes conferisse uma certa dignidade em suas regiões ou províncias — a pouca formação acadêmica e profissional, muitas vezes advinda de processos de exclusão social, buscam na capital do país novas alternativas e estratégias que contribuam para a melhoria e superação de suas condições de vida e de existência. Por outro lado, buscam também alternativas que lhes possibilitem a realização de seus sonhos e suas expectativas de futuro, cujos significados foram muito bem apontados em seus depoimentos.

Os depoimentos dos sujeitos ilustram que o mundo do trabalho pouco contribuiu para o processo de humanização desses jovens, não lhes abrindo perspectivas para que pudessem ampliar suas possibilidades, seu repertório sociocultural, muito menos construir uma imagem positiva de si mesmos. Trata-se de um espaço do mundo adulto que se mostra impermeável às suas necessidades de construir-se como sujeitos — sujeitos estes entendidos sob a perspectiva de Charlot (2000) como ser humano aberto a um mundo que possui uma historicidade, portador de desejos e movido por eles, além de estar em relação com outros seres humanos, eles também sujeitos.

Outro aspecto a ser ressaltado é que esta pesquisa levou-nos à conclusão de que se precisa intensificar estudos dessa natureza no país, de modo a se encontrar — a partir da participação e da visão dos próprios sujeitos — as melhores alternativas e estratégias para reduzir progressivamente a informalidade entre os jovens. Estratégias que ao nosso ver não passam por medidas policiais e de repressão, como as que foram observadas ao longo da pesquisa, tanto nas visitas realizadas nos espaços de trabalho como nos depoimentos advindos das entrevistas em grupo. A solução dessa questão deve se apoiar na eficácia dos serviços administrativos do Estado e em políticas públicas que deem aos jovens oportunidades, por meio de uma educação de qualidade e da ampliação do mercado de trabalho, que contemplem as possibilidades desse segmento da população.

Tal conclusão surge da consciência de que, com esta pesquisa, não se esgotou a discussão da temática estudada, apenas fez-se um processo introdutório, razão pela qual se considera necessária a continuidade dessa discussão com novos estudos e ações políticas que contribuam para o aprofundamento da questão, trazendo outros elementos analíticos, por meio de outros focos, sem perder de vista a centralidade dos sujeitos que as vivenciam. Assim, a partir do quotidiano vivido e partilhado, pode-se equacionar a elaboração de propostas de alternativas e estratégias que se orientem para a superação de muitas das questões postas nesta obra.

Todas as situações aqui apontadas e ilustradas nos depoimentos de nossos sujeitos mostram-nos que se precisa a curto prazo, que sejam implementadas, no contexto angolano, políticas sociais públicas e de trabalho, que sejam abrangentes e pautadas em critérios universais de cidadania, ou seja, vistas na ótica dos direitos e não da benemerência, do favor — como se observa nas ações que atualmente são implementadas no país.

Por outro lado, entende-se ser necessária a promoção de um conjunto de programas, projetos e serviços sociais capazes de garantir — como aponta Sposati (1995) — certezas e seguranças que cubram, reduzam ou previnam riscos e vulnerabilidades sociais, tão evidentes nas histórias e trajetórias de vida da maior parte da população angolana e da luandense, particularmente dos jovens envolvidos no trabalho informal, como muito bem evidenciaram seus depoimentos.

Para que isso seja possível, é importante que a população beneficiária se ache e se reveja em tais políticas e em seus diferentes programas, projetos e serviços — o que só poderá acontecer caso sejam vistos como sujeitos participantes e não apenas como receptores de propostas definidas e elaboradas em gabinetes climatizados, sem janelas para observar o real e o quotidiano de quem está fora contemplando o sol ardente ou a chuva que a mãe natureza nos oferece, sem no entanto colher o fruto que dela deveria brotar para iluminar as ações.

Para que essas propostas não venham já enlatadas, defende-se a criação de fóruns de debates em todas as esferas da administração da vida social, com a participação ativa de todos que delas façam parte; de espaços verdadeiramente democráticos e de representação, abertos para a participação de organizações da sociedade civil apartidárias, que possibilitem uma gestão partilhada de todas as iniciativas que sejam aprovadas, no sentido de garantir os direitos de todos.

Para tal, o Serviço Social deve assumir um espaço de responsabilidade, nesse processo de enfrentamento dos desafios que o contexto de Luanda nos revela quotidianamente. São desafios que devem ser enfrentados a partir de uma conjugação de esforços, na qual participem a população e os diferentes profissionais, por meio de ações e práticas multidisciplinares e multissetoriais, sem que cada profissional ou cada cidadão perca sua própria identidade. Entende-se ser essa uma contribuição que o Serviço Social pode oferecer no contexto angolano — no processo embrionário da profissão no país — o que, de certa forma, justifica a abordagem dessa temática no âmbito da formação profissional.

Acredita-se que pela formação acadêmica e profissional que os assistentes sociais possuem, podem dar um impulso fundamental na efetivação dos direitos constitucionalmente garantidos, contribuindo, dessa forma, para a construção de uma cidadania ampliada, principalmente da população desfavorecida da sociedade.

A nosso ver, que este estudo deu certa visibilidade ao trabalho informal, mostrou os verdadeiros rostos daqueles jovens e de seu envolvimento em tal realidade — de modo particular da venda ambulante — antes invisíveis, como muitos deles denunciam em seus depoimentos, e revelou os significados desse trabalho em suas histórias e trajetórias de vida, bem como suas expectativas e sonhos em relação ao futuro que — para muitos deles — passa sobretudo pela formação acadêmica e profissional e pela realização do sonho da casa própria.

Entende-se que o caminho para o enfrentamento da questão do trabalho informal passa principalmente pela superação das gritantes desigualdades regionais no país, através de uma política de investimento e de desenvolvimento igualitário e equilibrado entre as províncias que compõem o mosaico angolano, assim como contemple oportunidades de trabalho e emprego para os jovens nas diferentes regiões. Isso contribuiria muito para que eles não precisassem se ausentar de seus ambientes familiares para buscar oportunidades de trabalho e sobrevivência em outras paisagens e recantos, longe de suas culturas.

Por outro, contribuiria ainda para a desconcentração da população, atualmente localizada em Luanda, pois muitos deles, embora estejam há anos na cidade, consideram-na apenas um lugar de estar e não de pertencimento, pois embora muitos considerem a vida em Luanda dura, sacrificada e, muitas vezes mesmo, desumana, preferem aí estar por lhes proporcionar, por pouco que seja, algo que lhes garante a própria sobrevivência e de seus dependentes.

Além disso, nos depoimentos e relatos dos jovens ficaram visíveis os condicionamentos que a dura vida da metrópole lhes impõe para a garantia da sobrevivência de seus dependentes. Essa apreensão foi também possível em face dos seus rostos transfigurados pela pobreza, pela desigualdade, pela exclusão social e pelo descaso e descriminação que percebem na sociedade angolana.

De modo geral, pode-se concluir — reportando-nos aos depoimentos e à literatura que fundamentam esta obra — que a experiência de trabalho e de vida dos jovens migrantes envolvidos no trabalho informal, mais concretamente na venda ambulante em Luanda, é marcada por perdas, dores, angústias, sofrimentos, incertezas, lutas pela própria sobrevivência e de seus dependentes, mas é também marcada pela esperança e pelos sonhos de um futuro melhor e promissor, sobretudo para seus filhos.

Nesse sentido, o trabalho informal acaba por constituir-se em estratégias e alternativas de sobrevivência para a maioria da população. É uma possibilidade, embora precária, de inserirem-se no mundo de trabalho, cada vez mais perverso e competitivo, ou seja, configura-se na única forma de, no curto prazo, sentirem-se cidadãos.

Referências

ABRAMO, Helena Wendel. *Cenas juvenis*: punks e darks no espetáculo urbano. São Paulo: Scritta/Página Aberta, 1994.

_____. Condição juvenil no Brasil contemporâneo. In: ABRAMO, Helena Wendel; BRANCO, Pedro Paulo Martoni (Org.) *Retratos da juventude brasileira*: análises de uma pesquisa nacional. São Paulo: Perseu Abramo, 2005.

_____. *Juventudes*: panoramas e iniciativas com foco na juventude de São Paulo. Pesquisa Técnica do Cenpec. São Paulo: Peirópolis, 2007. 127 p.

_____; BRANCO, Pedro Paulo Martoni. *Retratos da juventude brasileira*: análises de uma pesquisa nacional. São Paulo: Perseu Abramo, 2005. 447 p.

ABRAMOVAY, Miriam; CASTRO, Mary Garcia; PINHEIRO, Leonardo de Castro; LIMA, Fabiano de Sousa; MARTINELLI, Cláudia da Costa (Orgs.) *Juventude, violência e vulnerabilidade social na América Latina:* desafios para políticas públicas. Brasília: Unesco, 2002.

ALMEIDA, Elmir de. Políticas públicas para os jovens em Santo André. In: SOUTO, Anna Luiza Salles; ALMEIDA, Elmir de. *Jovens:* políticas públicas — mercado de trabalho. São Paulo: Pólis, 2000.

ALTUNA, Pe. Raúl Ruiz de Assua. *Cultura tradicional bantu*. 2. ed. Luanda: Arquidiocesana Pastoral, 1993. 622 p.

ALVES, Maria Aparecida. *"Setor informal" ou trabalho informal?:* uma abordagem crítica sobre o conceito de informalidade. 2001. 166f. (Mestrado em Sociologia) — Departamento de Sociologia do Instituto de Filosofia e Ciências Humanas da Universidade Estadual de Campinas, Campinas, SP, 2001. 166 p.

_____. TAVARES, M. A. A dupla face da informalidade do trabalho: "autonomia" ou precarização. In: ANTUNES, Ricardo (Org.) *Riqueza e miséria do trabalho no Brasil*. São Paulo: Boitempo, 2006.

ALVES, Luciene Andrade; GARCIA, Maria Franco. Itinerância do comércio informal: a precarização do trabalho ambulante nas praias de João Pessoa/PB. XI JORNADA DO TRABALHO, 12 a 15 de out. 2010, UFPB: Centro de Estudos da Geografia do Trabalho.

AMADO, F.; MUANAMOHA, R. Dinâmicas do crescimento populacional em Luanda e Maputo. In: OPPENHEIMER, J.; RAPOSO, I. *Subúrbios de Luanda e Maputo*. Relatório síntese do projecto urbanização acelarada em Luanda e Maputo: impactos da guerra e das transformações socioeconomicas (anos 80-90). Lisboa: CesA, 2003.

ANDRADE, Aline; MUSSI, Mónica. Juventudes contemporâneas. *Cadernos Cenpec*: Educação, Cultura e Ação Comunitária, n. 5, 1º sem. 2008.

ANGOLA, República de. *Estratégia de combate a pobreza:* reinserção social, reabilitação e reconstrução e estabilização econômica. Luanda: Ministério do Planeamento, 2005.

_____. Comércio ambulante. Decreto Executivo n. 48/2000. In: DIÁRIO DA REPÚBLICA. Orgão Oficial da República de Angola, I Série, n. 22, 2 de jun. 2000.

_____. *Projeto da política do estado para a juventude*. Luanda: Ministério da Juventude e Desportos, s/d.

_____. *Anteprojeto da lei de bases da política do Estado para a juventude*. Luanda: Ministério da Juventude e Desportos, s/d.

ANTUNES, Ricardo. *Os sentidos do trabalho:* ensaio sobre a afirmação e a negação do trabalho. São Paulo: Boitempo, 1999.

ANGOP. Agência Angola Press. Disponível em: <http://www.angop.ao/>. 2010, 2017.

AZEREDO, Verônica Gonçalves. Entre paredes e redes: o lugar da mulher nas famílias pobres. *Revista Serviço Social & Sociedade*, n. 103, p. 576-590, jun./set. 2010.

BARBOSA, Alexandre de Freitas; CARVALHO, Daniela Sampaio de. O trabalho precário no mundo, na América Latina e no Brasil. *Revista Observatório Social*, n.10, maio, 2006. p. 25-34.

BERTHOUD, Cristina Mercadante Esper. Grupos focais como método qualitativo de pesquisa em psicologia: desafios e perspectivas no ensino e na utilização do método. *Psicologia Revista*, v. 13, n. 1, São Paulo: Educ, p. 41-58, maio 2004.

BLASS, Leila Maria da Silva. Juventude e trabalho. In: COSTA, Márcia Regina da; SILVA, Elizabeth Murilho da (Orgs.) *Sociabilidade juvenil e cultura urbana*. São Paulo: Educ, 2006.

BORBA, Andreilcy Alvino; LIMA, Herlander Mata. Exclusão e inclusão social nas sociedades modernas: um olhar sobre a situação em Portugal e na União Europeia. *Serviço Social & Sociedade*, n. 106, p. 219-240, abr./jun. 2011.

BOURDIEU, Pierre. *Contrafogos*: táticas para enfrentar a invasão neoliberal. Rio de Janeiro: Zahar, 1998.

CACCIAMALI, M. Cristina. Globalização e processo de informalidade. *Economia e sociedade*. Campinas: Unicamp. I.E., n. 14, p. 152-174, jun.2000.

CARVALHO, Paulo de. *Exclusão social em Angola:* o caso dos deficientes físicos de Luanda. Coleção Ciências Humanas e Sociais, Série Sociologia e Antropologia v. 3, Luanda: Kilombelombe, 2008.

CASTEL, Robert; WANDERLEY; Luiz Eduardo W.; WANDERLEY, Mariangela Belfiore. *Desigualdade e a questão social*. 3. ed. São Paulo: Educ, 2010.

CASTEL, Robert. As transformações da questão social. In: WANDERLEY, Mariângela Belfiore; BÓGUS, Lúcia; YAZBEK, Maria Carmelita (Orgs.) *Desigualdade social*. 2. ed. rev. e ampl. São Paulo: Educ, 2004. p. 165-234.

_____. *As metamorfoses da questão social:* uma crônica do salário. 5. ed. Petrópolis: Vozes, 2005.

_____. Classes sociais, desigualdades sociais, exclusão social. In: BALSA, Casimiro; BONETI, Lindomar Wessler; SOULET, Marc-Henry (Orgs.) *Conceitos e dimensões da pobreza e da exclusão social:* uma abordagem transnacional. Ijuí: Unijuí, 2006.

_____. As armadilhas da exclusão. In: WANDERLEY, Mariângela Belfiore; BÓGUS, Lúcia; YAZBEK, Maria Carmelita (Orgs.). *Desigualdade social*. 3. ed. rev. e ampl. São Paulo: Educ, 2010.

CENTRO DE ESTUDOS E INVESTIGAÇÃO CIENTÍFICA — CEIC. *Relatório econômico anual de Angola 2008*. Luanda: Universidade Católica de Angola, 2009.

_____. *Relatório econômico anual de Angola 2009*. Luanda: Universidade Católica de Angola, 2010.

CHARLOT, Bernard. *Da relação com o saber*: elementos para uma teoria. Porto Alegre: Artmed, 2000.

CHAUI, Marilena. *Brasil:* mito fundador e sociedade autoritária. São Paulo: Perseu Abramo, 2000.

COSISA. *Relatório desigualdade social em Angola*. Luanda: Fundação Open Society Angola, 2010. 88 p.

COSTA, Elizabeth Goldfarb. *Anel, cordão, perfume barato:* uma leitura do espaço do comércio ambulante na cidade de São Paulo. São Paulo: Nova Stella; USP, 1989. 125 p.

CONSTITUIÇÃO DA REPÚBLICA DE ANGOLA — CRA. Luanda, 2010. 92p.

CRB. *O mito do jovem violento*. Disponível em: <http://www.crbnacional.org.br/paginas/juventudes_artigo_mito.html>. Acesso em: 29 jan. 2011.

CRESPO, A. P. A.; GUROVITZ, E. A pobreza como um fenômeno multidimensional. *RAE-Eletrônica*, v.1, n. 2, jul./dez. 2002. Disponível em: <http://www.rae.com.br/eletronica/index.cfm?FuseAction=Artigo&ID=1178&Secao=PÚBLICA&Volume=1&Numero=2&Ano=2002>.

DAMASCENO, Maria Nobre. *Formação da juventude*: educação e cidadania no contexto da diversidade cultural. V CONGRESSO PORTUGUÊS DE SOCIOLOGIA. Lisboa: Universidade Nova de Lisboa, 2008.

DAYRELL, Juarez. O jovem como sujeito social. *Revista Brasileira de Educação*. n. 24, p. 40-52, set.-dez. 2003.

DIÁRIO DA REPÚBLICA. Órgão Oficial da República de Angola, I Série, n. 22, 2 de jun. 2000.

DUCADOS, Henda Lucia; FERREIRA, Manuel Ennes. O financiamento informal e as estratégias de sobrevivência econômica das mulheres em Angola: a kixikila no município do Sambizanga (Luanda). *Documentos de trabalho*, n. 53, Lisboa: Instituto Superior de Economia e Gestão (CEsA), 1998.

ESTEVES, Luiz Carlos Gil; ABRAMOVAY, Miriam. Juventude, juventudes: pelos outros e por elas mesmas. In: ABRAMOVAY, Miriam; ANDRADE, Eliane Ribeiro; ESTEVES, Luiz Carlos Gil (Orgs.). *Juventudes:* outros olhares sobre a diversidade. Brasília: Ministério da Educação, Secretaria de Educação Continuada, Alfabetização e Diversidade; Unesco, 2007.

FELICIANO, José Fialho; LOPES, Carlos Manuel; RODRIGUES, Cristina Udelsmann. *Proteção social, economia informal e exclusão social nos Palop*. Lisboa: Principia, 2008. 175 p.

FERNANDES, Renato Sieiro. *Educação não-formal:* memória de jovens e história oral. Campinas: Unicamp/CMU Publicações; Artes Escrita, 2007. 287 p.

GALDINI, Danilca Rodrigues; BERZIN, Juliana. O sofrimento do jovem psicólogo na busca do primeiro emprego: uma análise psicossocial da exclusão. In: OZELLA, Sérgio (Org.). *Adolescências construídas:* a visão da psicologia sócio-histórica. São Paulo: Cortez, 2003. p. 315-345.

GALLIAN, Dante Marceño Claramonte. O historiador como inquisidor ou como antropólogo?: um questionamento para os "historiadores orais". *Revista História*, n. 125-120, p. 93-103, ago. 1991.

GATTI, Bernardete Angelina. *Grupo focal na pesquisa em ciências sociais e humanas*. Brasília: Liber Livro, 2005. 77 p.

GROPPO, Luís Antônio. *Juventude:* ensaios sobre sociologia e história das juventudes modernas. Rio de Janeiro: Difel, 2000. 301 p.

_____. Dialética das juventudes modernas e contemporâneas. *Revista de Educação do Cogume*, ano 13, n. 25, dez. 2004. p. 9-22.

HELLER, Agnes. *O cotidiano e a história*. 8. ed. São Paulo: Paz e Terra, 2008.

_____. *The power of shame*. London: Routledge & Keagan Paul, 1985.

IAMAMOTO, Marilda; CARVALHO, Raul. *Relações sociais e serviço social no Brasil*. São Paulo: Cortez, 1991.

INE. *Inquérito integrado sobre o bem-estar da população (Ibep) 2008-09*: principais resultados definitivos — versão resumida. Luanda: Ministério do Planeamento/ Instituto Nacional de Estatística, ago. 2010.

_____. *Relatório sobre Emprego*: inquérito de indicadores múltiplos e de saúde, 2015-2016. Luanda: Instituto Nacional de Estatística, set. 2017

_____. *Resultados Difinitivos do Recenseamento Geral da População e da Habitação de Angola 2014*. Luanda: Instituto Nacional de Estátistica, mar. 2016

ITIKAWA, Luciana. Vulnerabilidade do trabalho informal de rua: violência, corrupção e clientelismo. *Revista São Paulo em Perspectiva*, v. 20, n. 1, jan./mar. 2006. p. 136-147.

JOAQUIM, Mondlane do Nascimento da Silva. *Requalificação Urbana em Luanda*. 2009. Trabalho de Conclusão de Curso — Unesp Bauru, 2009.

JORNAL DE ANGOLA. Empreender e diversificar. Editorial. Luanda, p. 60, 31 ago. 2009.

_____. *A era do conhecimento e a qualidade de vida*. Editorial. Luanda, p. 70, 1º fev. 2009.

JORNAL DE ANGOLA. *Ensino para desenvolvimento*. Editorial. Luanda, p. 60, 6 jan. 2009.

JUSTO, Carmem Sílvia Sanches. *Os meninos fotógrafos e os educadores:* viver na rua e no projeto casa. São Paulo: Unesp, 2003.

KAVAYA, Martinho. *A interdisciplinaridade do Serviço Social na atuação profissional no Brasil e em Angola*: estudo comparativo de caso "Casa Lar Santa Cruz em Pelotas, RS/Brasil" e "Casa do Gaiato Padre Américo em Benguela/Angola". Pelotas: Educat — Editora da UCPel, 2009.

KLIKSBERG, Bernardo. *Desigualdade na América Latina:* o debate adiado. 3. ed. São Paulo: Cortez, 2002. 108 p.

LANG, Alice Beatriz da Silva Gordo. História oral: muitas dúvidas, poucas certezas e uma proposta. In: MEIHY, José Carlos Sebe Bom (Org.). *(Re)introduzindo história oral no Brasil*. São Paulo: Xamã, 1996.

_____. Trabalhando com história oral: reflexões sobre procedimentos de pesquisa. *Cadernos Ceru*/Centro de Estudos Rurais e Urbanos, série 2, n. 11. São Paulo: Ceru/USP, 2000.

LEHMANN, Lúcia de Mello e Souza; MEDEIROS, Sandra Albernaz de; PINHEIRO, Diógenes. Linguagem, espaços e práticas: outras formas de falar da juventude. In: GOUVÊA, Guaracira; BITTENCOURT, Cristiane; MARAFON, Giovanna; MONTEIRO, Helena Rego (Orgs.) *Pesquisas em educação*. Rio de Janeiro: 7 Letras, 2007.

LEON, Alessandro Lutfy Ponce de. Juventude, juventudes: uma análise do trabalho e renda da juventude brasileira. In: ABRAMOVAY, Miriam; ANDRADE, Eliane Ribeiro; ESTEVES, Luiz Carlos Gil. *Juventudes:* outros olhares sobre a diversidade. 1. ed. Brasília: Ministério da Educação, Secretaria da Educação Continuada, Alfabetização e Diversidade, Unesco, 2009.

LOPES, Carlos Manuel Mira Godinho Fernandes. *Luanda, cidade informal?* Estudo de caso sobre o Bairro Rocha Pinto. 2000. Mimeografado.

_____. Comércio informal, transfronteiriço e transnacional: que articulação? Estudo de caso no mercado de São Pedro (Huambo) e nos mercados dos Kwanzas e Roque Santeiro (Luanda). *Revista Economia Global e Gestão*, v.12, n. 3, Lisboa, set. 2007.

_____. Dinâmica do associativismo na economia informal: os transportes de passageiros em Angola. *Análise social*, v. XLV (195), 2010. p. 367-397.

LOPES, Cláudio Bartolomeu. *Trabalho feminino em contexto angolano:* um possível caminho na construção de autonomia. 2010. 167f. Dissertação (Mestrado) — Pontifícia Universidade Católica de São Paulo. São Paulo: PUC-SP, 2010.

LUCENA, Carlos. Trabalho, precarização, capitalismo monopolista e seus impactos no Brasil. In: ALVES, Ana Elizabeth Santos; LIMA, Gilneide de Oliveira Padre; JUNIOR, Manoel Nunes Cavalcanti (Orgs.). *Interfaces entre história, trabalho e educação.* Campinas: Alínea, 2009.

MACIEL, Fabrício. Todo trabalho é digno?: um ensaio sobre moralidade e reconhecimento na modernidade periférica. In: SOUZA, Jessé (Org.) *A invisibilidade da desigualdade brasileira.* Belo Horizonte: UFMG, 2006.

MADEIRA, F. R. *Jovem cidadão*: meu primeiro trabalho. Sl.:sn, 2003.

MANUEL, Rita Francisco. *A inserção da mulher no mercado informal e suas implicações na educação dos filhos:* o caso do mercado dos trapalhões. 2010. 65f. TCC — Luanda: Instituto Superior João Paulo II, 2010.

MARGULIS, Mario; URRESTI, Marcelo. La constucción social de la condición de juventud. In: CUBIDES, Humberto J.; TOSCANO, Maria Cristina Laverde; VALDERRAMA, Carlos Eduardo H. (Ed.) *"Viviendo a toda"* — jóvenes, territórios culturales y nuevas sensibilidades. Série Encuentros, Fundación Universidad Central, Santafé de Bogotá: Paidós, 1998. p. 1-21.

MARTINELLI, Maria Lúcia. Os métodos na pesquisa: a pesquisa qualitativa. *Revista Temporalis*. Revista da Associação Brasileira de Ensino e Pesquisa em Serviço Social — Abepss/Pesquisa e Conhecimento em Serviço Social. Ano V, n. 9, jan./jun. Recife: UFPE, p.117-129, 2005.

_____. Reflexões sobre o Serviço Social e o projeto ético-político profissional. *Emancipação*, v. 6, n. 1, p. 9-23, 2006.

MARTINELLI, Maria Lúcia. (Org.). *Pesquisa qualitativa*: um instigante desafio. São Paulo: Veras, 1999.

MARTINS, Souza. *Exclusão social e a nova desigualdade*. São Paulo: Paulus, 1997. 140 p.

_____. *A sociedade vista do abismo:* novos estudos sobre exclusão, pobreza e classes sociais. Petrópolis: Vozes, 2002.

_____. *O massacre dos inocentes:* a criança sem infância no Brasil. São Paulo: Hucitec, 1991.

MARTINS, Heloisa Helena T. Souza. A juventude no contexto da reestruturação produtiva. In: ABRAMO, Helena Wendel; FREITAS, Maria Virgínia de; SPOSITO, Marilia Pontes (Orgs.) *Juventude em debate*. 2. ed. São Paulo: Cortez, 2002.

MARX, Karl. *Manuscritos econômicos-filosóficos e outros textos escolhidos*. Coleção Os Pensadores. 2. ed. São Paulo: Abril Cultural, 1978.

_____. *O capital:* crítica da economia política. Lisboa: Difel, 1983.

MATTA, Joaquim Dias Cordeiro da. *Ensaio de Dicionário Kimbundu-Portuguez*. Lisboa: Casa Editora, 1893.

MELO,Ediléia; SANTOS, Lúcia Miranda dos; FERRO, Marcela Colodello; OLIVEIRA, Patrícia Regina Los de. *Serviço social e questão agrária, entre as marcas da exclusão, a apreensão de demandas socioprofissionais e o caminho de ações socioeducativos, sob a perspectiva do desenvolvimento como liberdade:* um estudo de caso no projeto de assentamento Porto Velho. 2007. 102f. (Graduação em Serviço Social) — Faculdades Integradas Antônio Eufrásio de Toledo, Presidente Prudente: 2007.

MIRANDA, Flaviana Gomes de; PACCHIONI, Margareth Maria. O papel dos grupos jovens na formação dos adolescentes. *Revista de Ciências da Educação*, ano VII, n. 12, São Paulo: Santuário, 1º sem. 2005.

NETO, Otávio Cruz. O trabalho de campo como descoberta e criação. In: MINAYO, Maria Cecília de Souza (Org.). *Pesquisa social:* teoria, método e criatividade. 23. ed. Petrópolis: Vozes, 2004.

NETO, Paulo Romão Meireles. A juventude como sujeito social: elementos para uma problematização. *Revista Pesquisa em Foco:* educação e filosofia, v. 2, n. 2, abr. 2009.

NOVAES, Regina Célia Reyes. Juventude e sociedade: jogos de espelhos, sentimentos, percepções e demandas por direitos e políticas públicas. *Sociologia Especial, Ciência & Vida*, São Paulo, ano 1, n. 2, p. 7-15, 2007.

_____; VITAL, Christina. A juventude de hoje: (re)invenções da participação social. In: TOMPON, Andrés A. (Org.) *Associando-se à juventude para construir o futuro*. São Paulo: Peirópolis, 2005.

ORGANIZAÇÃO INTERNACIONAL DO TRABALHO. *A OIT e a economia informal*. Portugal: Lisboa, 2006.

_____. *Relatório tendências mundiais de emprego*. 2007.

ORGANIZAÇÃO INTERNACIONAL DO TRABALHO. *Relatório tendências mundiais de emprego das mulheres*. 2008.

_____. *Relatório tendências mundiais de emprego*. 2009

_____. *Relatório tendências mundiais de emprego para a juventude*. 2010.

OLIVEIRA, Carlos Alonso Barbosa de; HENRIQUE, Wilnês. Determinantes da pobreza no Brasil: um roteiro de estudo. *Cadernos do Cesit*, Unicamp, jul. 1990.

OLIVEIRA, Júlia Ribeiro de; SILVA, Lúcia Isabel C.; RODRIGUÊS, Solange S. Acesso, identidade e pertencimento: relações entre juventude e cultura. *Democracia Viva*, n. 30, p. 62-65, jan./mar. 2006.

PARREIRA, Adriano. *Dicionário de biografias angolanas (séculos XV-XVII)*. Luanda: Edições Kulonga, 2003.

PASTORINI, Alejandra. *A categoria "questão social" em debate*. Coleção Questão da Nossa Época, v. 17, 3. ed. São Paulo: Cortez, 2010. 124 p.

PAUGAM, Serge. *A desqualificação social*: ensaio sobre a nova pobreza. Coleção Educação e Trabalho Social, v. 6. Portugal: Porto Editora, 2003.

PENATTI, Neusa Maria Ferraz Costa, et al. Expressões da questão social no ensino fundamental de Americana/SP. *Revista de Ciências da Educação*, ano IX, n. 16. Americana/SP: Unisal, 2008.

PEREIRA, Cláudia da Silva. *O conceito de juventude na publicidade*: modernidade, felicidade, sociabilidade, amizade e liberdade. XXXII CONGRESSO BRASILEIRO DE CIÊNCIAS DA COMUNICAÇÃO. Curitiba, Paraná: PUC-Rio, 2009.

PEREIRA, Maria Gabriela dos Santos. Adolescentes trabalhadores: a construção de sentidos nas relações de trabalho. In: OZELLA, Sérgio (Org.). *Adolescências construídas*: a visão da psicologia sócio-histórica. São Paulo: Cortez, 2003.

PESTANA, Nelson (Coord.). *Relatório social de Angola 2010*. Luanda: Centro de Estudos e Investigação (CEIC) — Universidade Católica de Angola (Ucan), 2011. 222 p.

_____. *Angola*: a pobreza, uma vergonha nacional. 2009. Disponível em: <http://www.pambazuka.org/pt/category/features/53120>. Acesso em: 25 mar. 2010.

POCHMANN, Marcio. *Outra cidade é possível*: alternativas de inclusão social em São Paulo. São Paulo: Cortez, 2003.

PROGRAMA DAS NAÇÕES UNIDAS PARA O DESENVOLVIMENTO — PNUD. *Relatório sobre o desenvolvimento humano*. Angola: Luanda, 1999.

PROGRAMA DAS NAÇÕES UNIDAS PARA O DESENVOLVIMENTO — PNUD. *Relatório sobre o desenvolvimento humano*. Angola: Luanda, 2004.

_____. *Desenvolvimento econômico de Angola*. Angola: Luanda, 1998.

PRATES, Jane Cruz. O planejamento da pesquisa social. *Revista Temporalis*, ano 4, n. 7, jan./jun. 2004.

QUEIROZ, Carla. *A situação social da criança em Angola:* uma perspectiva social e orçamental. Luanda: Centro de Estudos e Investigação Científica da Universidade Católica de Angola e Save the Children, 2009.

REDINHA, José. *Distribuição Étnica de Angola*. 6. ed. Luanda: Centro de Informação e Turismo de Angola, 1970.

REIS, Maria da Conceição dos. Educação e história de vida na construção da identidade negra no Brasil. X ENCONTRO NACIONAL DE HISTÓRIA ORAL. *Testemunhos:* História e Política. Recife: Centro de Filosofia e Ciências Humanas da Universidade Federal de Pernambuco, abr. 2010.

RIBEIRO, Eliane; LÂNES, Patrícia; CARRANO, Paulo. Juventude brasileira e democracia: participação, esferas e políticas públicas. *Relatório Final*. Rio de Janeiro, São Paulo: Ibase & Polis, 2005.

ROCHA, Manuel José Alves da. (Coord.) *Relatório econômico de Angola 2005*. Luanda: Universidade Católica de Angola, 2006.

ROCHA, Manuel José Alves da. *Desigualdades e assimetrias regionais em Angola:* os fatores de competitividade territorial. Luanda: Universidade Católica de Angola — Centro de Estudos e Investigação Científica, 2010.

RODRIGUES, Cristina Udelsmann. *O trabalho dignifica o homem:* estratégias de sobrevivência em Luanda. Lisboa: Edições Colibri, 2006. 274 p.

SALES, Celecina de Maria Veras. Jovens nómadas, jovens da terra. In: MATOS, Kelma Socorro Lopes de; ADAD, Shara Jane Holanda Costa; FERREIRA, Maria D´Alva Macedo (Orgs.). *Jovens e crianças:* outras imagens. Fortaleza: Edições UFC, 2006.

SANTOS, João Diógenes Ferreira dos. Trabalho infanto-juvenil no narcotráfico: a "vida matável" de crianças e adolescentes. In: ALVES, Ana Elizabeth Santos; LIMA, Gilneide de Oliveira Padre; JUNIOR, Manoel Nunes Cavalcanti (Orgs.). *Interfaces entre história, trabalho e educação.* Campinas: Alínea, 2009.

SANTOS, Milton. *As cidadanias mutiladas*: o preconceito. São Paulo: Imesp, 1997.

SANTOS, Wanderley Guilherme dos. *Cidadania e justiça:* a política social na ordem brasileira. Rio de Janeiro: Campus, 1987.

SAWAIA, Bader Burihan (Org.). *As artimanhas da exclusão:* análise psicossocial e ética da desigualdade social. 11. ed. Petrópolis: Vozes, 2011. 157 p.

SIEDE, Mario Ale. *O trabalho informal:* o estudo dos camelôs de Porto Alegre. 1994. 223f. Dissertação (Mestrado em Sociologia). Universidade Federal do Rio Grande do Sul. Porto Alegre, 1994.

SILVA, Christiane Pimentel e; ALVES, João Paulo. O trabalhador informal nos ônibus: uma das faces da questão urbana na Região Metropolitana de Belém/RMB. *Revista Políticas Públicas*, v.12, n. 2. Belém/São Luís: Universidade Federal de Maranhão, Centro de Ciências Sociais: Programa de Pós-Graduação em Políticas Públicas, jun./dez. 2008. p. 75-82.

SILVA, Maria Ozanira da S. Pobreza, desigualdade e políticas públicas: caracterizando e problematizando a realidade brasileira. *Revista Katal*, v. 13, n. 2, Santa Catarina: Florianópolis: jul./dez. 2010.

SINGER, Paul; POCHMANN, Márcio. *Mapa do trabalho informal.* Col. Brasil Urgente. São Paulo: Fundação Perseu Abramo, 1996.

SOARES, Alexandre B. (Org.) *Juventude e elos com o mundo do trabalho:* retratos e desafios. São Paulo: Cortez; Campinas: Ciesp; Rio de Janeiro: PUC-RIO, 2010. 110 p.

SOUZA, Regina Magalhães de. *O discurso do protagonismo juvenil*. Coleção Ciências Sociais. São Paulo: Paulus, 2008.

SPOSATI, Aldaíza. *Mapa da exclusão/inclusão social da cidade de São Paulo*. São Paulo: Educ, 1996.

_____. Assistência Social: desafios para uma política de seguridade social. *Cadernos ABONGm*. São Paulo: ABONG (susídios à Conferência Nacional de Assistência Social, 3), out. 1995.

TAVARES, Maria Augusta. Acumulação, trabalho e desigualdades sociais. In: CFESS. *Serviço social*: direitos sociais e competências profissionais. Brasília: Cfess/ Abepss, 2009.

_____. Trabalho informal: os fios (in)visíveis da produção capitalista. *Revista Outubro do Instituto de Estudos Socialistas*, n. 7, p. 49-60, 2002.

TAVARES, Maria Augusta. *Os fios (in)visíveis da produção capitalista:* informalidade e precarização do trabalho. São Paulo: Cortez, 2004. 216 p.

TELLES, Vera da Silva. A pobreza como condição de vida: família, trabalho e direitos entre as classes trabalhadoras urbanas. *Revista São Paulo em Perspectiva*, v. 4, n. 2, p. 37-45, abr./jun. 1990.

_____. Mutações do trabalho e experiência urbana. *Revista de Sociologia da USP Tempo Social*, v. 18, n. 1, p. 173-195, jun. 2006.

_____. A "nova questão social" brasileira: ou como as figuras de nosso atraso viraram símbolo de nossa modernidade. *Caderno CRA*, n. 30-31, p. 85-110, jan./dez. 1999.

_____. Pobreza e cidadania: dilemas do Brasil contemporâneo. *Cadernos CRH*. 19, Salvador, 1993.

_____. No fio da navalha: entre carências e direitos. Notas a propósito dos programas de renda mínima no Brasil. *Revista Pólis*, São Paulo, 1998.

_____. GABANES, Robert (Orgs.) *Nas tramas da cidade:* trajetórias urbanas e seus territórios. São Paulo: Humanitas, 2006.

TRASSI, Maria de Lourdes; MALVASI, Paulo Artur. *Violentamente pacíficos:* desconstruindo a associação juventude e violência. São Paulo: Cortez, 2010. 123 p. Coleção Construindo o Compromisso Social da Psicologia.

TRIVIÑOS, Augusto Nibaldo Silva. *Introdução à pesquisa em ciências sociais:* a pesquisa qualitativa em educação. São Paulo: Atlas, 1995.

TSUGUMI, Neide Yoko. *Inclusão social no mercado de trabalho e hospitalidade.* 2006. 156f. Dissertação (Mestrado em Hospitalidade) — Universidade Anhembi Morumbi. São Paulo, 2006.

UNITED NATIONS CHILDREN'S FUND — UNICEF. *Crianças de Angola:* da guerra para a vida. Angola: Luanda, fev. 1997.

VERGARA, Sylvia Constant. *Métodos de coleta de dados no campo.* São Paulo: Atlas, 2009.

WANDERLEY, Luiz Eduardo. A questão social no contexto da globalização: o caso latino-americano e caribenho. In: WANDERLEY, Mariângela Belfiore; BÓGUS, Lúcia; YAZBEK, Maria Carmelita (Orgs.). *Desigualdade social.* 3. ed. rev. e ampl. São Paulo: Educ, 2010.

WANDERLEY, Mariângela Belfiore. Refletindo sobre a noção de exclusão social. *Revista Serviço Social & Sociedade*, São Paulo, n. 55, 1997.

YAZBEK, Maria Carmelita. A pobreza e exclusão social: expressões da questão social no Brasil. *Revista Temporalis*/Associação Brasileira de Ensino e Pesquisa em Serviço Social. 2. ed, ano 2, n. 3, 2004.

_____. A pobreza e as formas históricas de seu enfrentamento. *Revista de Políticas Públicas*/Programa de Pós-Graduação em Políticas Públicas da UFMA, v. 9, n. 1, p. 217-228, jan./jun. 2005.

_____. A pobreza e as formas históricas de seu enfrentamento. JORNADA INTERNACIONAL DE POLÍTICAS PÚBLICAS (JOINPP). Texto atualizado. Maranhão, ago. 2011.

_____. *Classes subalternas e assistência social.* 4. ed. São Paulo: Cortez, 2003.

Sobre o autor

SIMÃO JOÃO SAMBA nasceu no município N'zeto, Província do Zaire em Angola. É Educador Social pelo Instituto de Ciências Religiosas de Angola (ICRA). Formou-se em Serviço Social pelo Centro Universitário Salesiano de São Paulo (Unisal). É mestre e doutor em Serviço Social na Pontifícia Universidade Católica de São Paulo (PUC-SP). Atualmente é professor efetivo do Instituto Superior de Serviço Social (ISSS) em Luanda/Angola e professor colaborador no curso de Pedagogia do Instituto Superior Dom Bosco (ISDB) e do Curso de Serviço Social do Instituto Superior João Paulo II (ISUP JP II), ambos unidades orgânicas da Universidade Católica de Angola (UCAN). Membro fundador e presidente da Associação dos Assistentes Sociais de Angola (AAS — Angola). Foi coordenador do Centro de Pesquisas, Sondagens e Estudos de Opiniões (CENSOP) da Universidade Católica de Angola no período de junho de 2014 a abril de 2017. É autor do livro *Adolescência em Situação de Risco e Educação Social em Luanda*, publicado pela Paco Editorial em 2014. Foi chefe do Departamento de Investigação Científica e Pós-Graduação do Instituto Superior de Serviço Social.

LEIA TAMBÉM

JOVENS NEGROS NO BRASIL
civilização e barbárie

Coleção Questões da nossa época
volume 60

Graziela de Oliveira

1ª edição (2017)
120 páginas
ISBN 978-85-249-2549-8

    A Polícia Militar encara jovens negros como potenciais bandidos ou elementos perturbadores da ordem pública.

    Policiais não brancos, que usam de violência contra a população negra, muitas vezes, eles mesmos são vítimas de discriminação na infância e na juventude, o sofrimento do passado, tornado inconsciente, pode manifestar-se em transtorno de conduta quando munidos de uma arma diante de um jovem negro.

    Psicólogos, sociólogos e cientistas, ao se debruçarem sobre esta problemática, podem contribuir para avançar nas pesquisas e respostas sobre o complexo casual da violência do negro contra o negro.

LEIA TAMBÉM

NATUREZA DO SERVIÇO SOCIAL EM ANGOLA

Amor António Monteiro

1ª edição (2016)
228 páginas
ISBN 978-85-249-2497-2

A obra é expressão da inquietação teórica e profissional do autor e do seu compromisso político com o Serviço Social e com a sociedade angolana em 'tempos de paz, de reconstrução e desenvolvimento nacional'. Trata-se de obra que revela a maturidade intelectual do pesquisador, construído na historicidade da análise crítica da profissão e da própria sociedade angolana, em seu processo de lutas contra a dominação colonial portuguesa e pela independência política, econômica e cultural.

Tece um rico painel de gênese do Serviço Social em Angola nas diferentes conjunturas políticas, ao mesmo tempo que reconstrói a inserção profissional de assistentes sociais nos Serviços de Saúde das Forças Armadas Angolanas e seu desenvolvimento até os dias atuais.